彗星年代

1918
世界重启时

KOMETENJAHRE

1918
DIE WELT IM
AUFBRUCH

[德]丹尼尔·舍恩普夫卢格 / 著　简心怡 / 译

文匯出版社

新经典文化股份有限公司
www.readinglife.com
出 品

流星兀自划过。接近地球时,地球引力让它偏离了自己的轨道。在转瞬之间,它穿过大气层,和空气摩擦时着火燃烧;刚刚逃脱永远困在地球的危险,它便拖着逐渐失温黯淡的身躯,在空旷的宇宙里继续前行。

——保罗·克利,《演讲手稿》,1922年1月30日

目　录

前　言　彗星之核　001

第一章　新的开始　011

第二章　天涯共此时　037

第三章　革　命　069

第四章　梦　乡　119

第五章　虚假的和平　157

第六章　复归结束　197

结　语　彗星之尾　239

后　记　251

致　谢　257

参考文献　259

前言　彗星之核

现在我们接过火把
并将那红色的虞美人花
穿戴在身上以致敬逝者们
不要畏惧
否则他们的牺牲就没有意义
我们将把教训传递下去
那是他们用生命换来的
在弗兰德斯战场

——莫伊娜·迈克尔,1918 年

1918年11月11日这天早上,德意志帝国的皇帝被悬吊于纽约两座摩天大楼之间。毫无生命迹象的国王陛下在长绳的一端摇摆着,身边阳光普照,彩纸飞扬。自然,这并非威廉二世本人,而是一个饰有威风凛凛的八字胡、戴着尖顶军盔的巨型戏仿人偶。人们从楼上扔下的白色纸带,在皇帝的军盔上稍作停留后,便以一种帝王般的从容姿态缓缓飘落到其下的人间街谷。

美国东部时间清晨5点,协约国与德意志帝国之间正式停战。"匈人"(Hunnen)——自战争爆发以来美国人对德国人的称呼——四年来顽强作战,此刻终于屈服。第一次世界大战以全世界1600万人的性命为代价由协约国取得胜利。成千上万的纽约人在打开早报后涌上街头,高楼与高楼之间是一片片欢庆的海洋。盛装打扮的人们,与身着制服的士兵及护士肩并肩、手拉手,互相敬礼和拥抱。钟声和礼炮声不绝于耳,进行曲与军号演奏此起彼伏,加上不计其数的欢笑、歌唱和齐声呼喊,连成一片如同巨浪拍岸般的轰鸣。汽车叭叭作响,载着热烈挥舞旗帜的乘客在人群中缓缓穿行。铺天盖地的手绘海报,自我标榜的演说家,三五成群的乐手,在马路上载歌载舞的人们:整座城市陷入一场即兴的街头狂欢。在这胜利的日子里,纽约人放下手头的一切工作,信心满满地认为整个世界即将实现和平。

莫伊娜·迈克尔(Moina Michael)是佐治亚州一家女子学院的舍监兼教师,不久前她暂时离开了岗位。这位年近半百、身体依然壮健的女士,这几个星期以来一直在为基督教女青年会举办的训练营工作。训练营设于曼哈顿的哥伦比亚大学,在那里,莫伊娜协助一些即将派往欧洲的男女青年进行准备工作。他们之中表现优异者很快就将作为民间志愿者横跨大西洋,为那里的前线士兵建造临时供应站。就在正式停战前两天,莫伊娜·迈克尔偶然得到一本《妇女家庭杂志》(Ladies Home Journal),上面刊登了加拿大军官约翰·麦克雷(John McCrae)的战争诗《在弗兰德斯战场上》(In Flanders Fields):"在弗兰德斯战场上,虞美人花绽放于/十字架之间……"诗句旁生动地画有双眼凝视天空的英勇士兵形象。她被吸引住了。在诗的末尾,作者描绘了这样一幅图景:即将死去的士兵,奋力抬起他无力的手,将战斗的火炬传递下去。诗句和画面在莫伊娜的心中不断浮现,她觉得这首诗像是写给她的,那些死去的人仿佛正透过文字呼唤着她。就是她!她必须伸出手来,牢牢握住那正在下坠的火炬:和平与自由!她必须贯彻这一信念,并为之奋斗:数以百万的牺牲者不能被忘记,他们的血不能白流,他们的死不能没有意义!

麦克雷的诗深深触动了莫伊娜和她心中的使命感,于是她抓起铅笔,在黄色的信封上写下自己致虞美人花的诗句,"这些为死者绽放的花"。她用一组朗朗上口的诗句高呼,把"来自弗兰德斯战场的教训"传给还活着的人:"现在我们接过火把,并将那红色的虞美人花/穿戴在身上以致敬逝者们/不要畏惧,否则他们的牺牲就没有意义/我们将把教训传递下去/那是他们用生命换来的/在弗兰德斯战场。"

当她把这些诗句写到纸上时,一些年轻人来到她的书桌旁。他们凑了10美元送给莫伊娜,以感谢她照顾他们在训练营的起居。她收下支票,突然有了主意:她不会把刚刚的感受留在文字里,无论那些句子本身有多美。诗,应该化为现实!"我要去买红色的虞美人花……从现在开始,我会一直戴着它们。"她对不明所以的年轻人如此宣布。她把麦克雷的诗指给他们看,在犹豫了片刻后,又给他们朗诵她自己的诗句。年轻人们大受鼓舞,纷纷表示自己也要佩戴虞美人花。莫伊娜保证她会替他们弄来。于是,在停战日到来前的剩余时间里,她穿梭于纽约的大小商店之间苦苦寻觅。显然,在这座商品供应充足的世界大都会里,尽管不乏各色各样的人造花,但要找到诗中所歌颂的那种"传说中的"红色虞美人花,选择也是十分有限。直到来到沃纳梅克百货公司,莫伊娜终于有所收获。在这家纽约巨型百货商店里,无论是布头纽扣还是汽车,一切都应有尽有,甚至还有水晶餐厅。她买到一大朵红色的仿真虞美人花,可以放在她的书桌上,此外还有两打四瓣的虞美人花。回到营地后,她便把花别在那些即将启程前往法国执行任务的年轻人的大衣翻领上。一种符号的流行总是有着平凡无奇的开始。几年之后,"国殇虞美人花"便将成为整个英语世界悼念一战牺牲者的经典象征。

对虞美人花的狂热,诞生于这样一个非同寻常的历史时刻:就在这一秒钟,全世界有数百万人在庆祝,有数百万人的生活被打断,还有数百万人不是陷入巨大的哀伤,就是咬牙切齿地发誓报复。然而从下一秒钟起,虞美人花便进入历史,化为未来。一方面,它提醒人们去面对那刚刚才成为过去的现实,不能轻易遗忘。在这层意义上,它属于整个世界"追思文化"的一部分。人们到学校、政府机构和兵营里举行仪式,竖起纪念碑,把死难者的姓名镌刻在石碑上。另一方面,莫伊娜·迈克尔的想法着眼于未来,因为人们已经流了太多血、做出太多的牺牲,在他们的坟头上应该有自由绽放的鲜花。对她来说,这是托付给下一代人的责任。这一期许无疑是天真的,来源于一个突发的灵感和她虔诚的信仰。战争结束了,这不仅仅是向她、也向她的许多同时代人提出了一个迫切的问题:未来将如何?这个问题促成对一种让生活更美好的自由发想,却也带来了焦虑;它孕育了种种颠覆性的创见、梦想和渴望,却也酝酿出可怕的噩梦。

在 1918 年,保罗·克利(Paul Klee)创作了《巴黎彗星》(*Der Komet von Paris*)这幅充满讽刺和寓意的作品,它描绘的恰恰是这种介于过去和未来、现实和愿景之间的状态。克利创作这幅用水彩上色的钢笔画作品时正在巴伐利亚皇家飞行学校任职,如果你仔细看,会发现画上其实有两颗彗星:一颗是绿色的,拖着长长的弧形尾巴，另一颗则是呈六角星状的大卫之星。它们环绕着一位走钢丝的人的头部，他拿着一根杆子，在巴黎埃菲尔铁塔的高空上踩着若有似无的钢丝维持平衡。《巴黎彗星》不是特例，保罗·克利在这一时期投身于抽象艺术的创作，诸多作品都出现了高悬于城市天空的星体。在画中，远方的巴黎——敌人的首都，却也是艺术的故乡——如同一座现代伯利恒。一直以来——尤其是在20世纪前期一触即发的氛围里——彗星都象征着未知的变数，被视为某种征兆：历史性事件的爆发，影响深远的变革，抑或是彻头彻尾的灾难。它是我们从未设想过便突然在远方现身的种种可能性，也是我们还无法清楚辨识的未来。彗星的小姐妹流星邀请人们许下美好心愿；但同样作为罕见天象的陨石，则以撞击地球的破坏力带来了恐慌。1910年，一月大彗星和哈雷彗星在短短几个月内先后来访，到处都有人在为世界末日做准备；1918年6月30日，美国北达科他州又传出理查顿陨石坠毁的消息。它们给克利的创作提供了灵感。

在克利笔下，走钢丝的人努力地保持着平衡。一头是地球的建筑奇迹埃菲尔铁塔，另一头则是无法预测又充满危险的宇宙。画中人悬在中间，不完全属于任何一方，尽管头已升至云中，却越来越有失去平衡、一头栽下的危险。围绕他头部飞舞的星星，与其说是灵光乍现，倒不如说让他看起来更像一个茫然的醉鬼。扭曲的双眼似乎在表明，星星已让他天旋地转，失足坠落只是迟早的事。

可以说，保罗·克利出色地让《巴黎彗星》成为对1918年现实生活的绝佳讽刺：人们在狂喜和失败主义情绪之间来回摇摆，满怀希望又不无担忧。闭上眼时有无限美好的憧憬，睁开眼却是严峻的现实。在1918年11月11日停战日这天，欧洲的昔日世界宣告毁灭，人们在一片断壁残垣中庆祝革命的爆发。帝国土崩瓦解，世界秩序有待重建，对于那些迷信彗星具有神秘启示的人来说，这无疑是异象的应验。在这百废待举的关键时刻，对未来的设想犹如流星雨般四面飞散。难得历史显得如此开放，一切都重新分配，并完全掌握在人们手里。难得过去显得如此必要，它带来的教训可迅速转换为拯救未来的良方。难得面对一个彻底改变的世界，你没有任何借口，只能行动起来，为自己对将来的期望而奋斗。要有全新的政治理念、全新的社会，还要有新文化、新艺术和新思想。人们宣布，20世纪的新人已经从战火中诞生，他们将免受旧世界的侵蚀。如同凤凰涅槃，欧洲乃至整个世界，都应从灰烬里自我振作。一切皆有可能，愿景如旋转木马般转得飞快，以至于这个时代的许多人都有了眩晕感。

本书接下来将出场的人物，都是走钢丝的人。他们对当时事件的看法取自各人在自传、回忆录、日记和信件中的自我陈述。本书呈现的真实是通过他们的眼睛看到的真实。它们可能和已有的历史书籍相悖，有时，我们的时代见证人甚至会自欺欺人。他们不无惊奇地目睹彗星梦幻般划过天际，也亲身经历了现实如陨石般迅速燃烧、冲撞、冷却、僵死。在凌空万丈的一线间，他们颤巍巍地摸索前行。在如此高度上，有些人成功保住了平衡，如莫伊娜·迈克尔；有些人则万劫不复，如威廉二世陛下——对他来说，至少在他巨型人偶的脖子上，那根细绳变成了绞索。

另一方面，这些时代见证人所留下的经历和回忆也向我们指出，一战结束后产生了可怕的对立。在19至20世纪世界的剧烈变动中，对未来的种种设想和渴望放飞了人类，却也让他们彼此疏远。他们互相敌对，甚至彼此排除——许多新涌现的时代先知中，就有不少声称自己的主张只有通过摧毁其他对手方能实现。于是，这些针对美好未来的激烈斗争带来的不是渴望已久的和平，而是新的暴力。新的受害者由此而生。

第一章 新的开始

右或左，
前或后，
上坡或下坡——
人必须坚持走下去，
无论
将来与过去。
这本是不宣之秘：
为了完成使命，
你们应该，也必须把它忘记。

——阿诺德·勋伯格，《雅各的天梯》，1917 年

1918 年 11 月 7 日傍晚，比利时境内的黄昏已经降临，这时，车队从位于斯帕的德军总参谋部出发了。它由 5 辆黑色专车组成，马蒂亚斯·埃茨贝格尔（Matthias Erzberger）就坐在最后一辆车上。他 34 岁，身材肥胖，络腮胡修剪齐整，上方架着金边眼镜，头发则一丝不苟地梳成中分。这位国务秘书[1]，连同一个 3 人代表团，受德意志帝国政府的派遣前往敌方领地。他的签字将结束一场超过 4 年且席卷几乎整个地球的战争。

晚上 9 点 20 分，车队在法国北部小镇特雷隆附近通过了德军前线阵地。在经过最后一排德方战壕后，就进入无人区了。过往，从这儿到法军阵地之间的炮火最为猛烈。车队以步行的速度在黑暗中缓缓前进，静悄悄地接近敌方前线。打头的那辆车插着一面

---

[1] 在 1918 年以前，德意志帝国的行政部门中只有帝国首相（Reichskanzler）握有绝对实权，各部门首脑均服从首相的领导，因此不称为部长，而是称为国务秘书（Staatssekretär）。埃茨贝格尔于 1918 年 10 月初由新上任的帝国首相马克斯·冯·巴登亲王任命为不管部国务秘书（Staatssekretär ohne Portefeuille）。——本书脚注均为编译者所加

白旗。一个号兵有规律地发出短促的信号。双方保持着约定的停火状态；代表团车队通过无人区，抵达离德军只有150米的第一排法军战壕，在此期间没有人开枪。对方接待人员给埃茨贝格尔的感觉是冷淡而不失礼节；谈判双方都回避了这类场合习以为常的眼神接触。两位军官领着德方代表团车队进入拉沙佩勒小镇。当他们抵达时，士兵和百姓挤在一起，用掌声欢迎这些敌方的代表，并大声问道："是战争结束了吗？"

埃茨贝格尔一行人换乘法军专车，继续前行。月亮在云中若隐若现，微弱的光芒所到之处，是宛如世界末日的景象。作为战争的主要战场，皮卡第地区4年来已成了亡灵的国度。街道上是锈迹斑斑的废炮和军车残骸，还有腐烂的动物尸体。田里密布着铁丝网。大地为上千次的轰炸所撕裂，为数以吨计的子弹壳所污染，弥漫的臭气源于大量的尸体以及毒气瓦斯。战壕和弹坑积着雨水。森林里只剩下烧焦的树干，残影映衬着夜晚的天空。车队穿过那些在德军撤退时被夷为平地的村庄和城市。深受震惊的埃茨贝格尔描述了小镇绍尼的情况："一栋完好的房子也没有；处处是坍塌殆尽的废墟。月光下残骸宛然兀立，犹如冥府般阴气逼人；没有一点生命迹象。"

德国代表的行车路线是法国军方领导所指定的，它穿越了法国北部那些遭受战争打击最严重的地区，有些看起来简直就像是被陨石击中。这片后来在地图上作为"红色区域"而被专门画出的狭长地带，其悲惨的景象让埃茨贝格尔在情绪上做好准备，以面对即将到来的停战谈判。每一处按当时专业人士的观点都绝无复原可能的残破农庄,都是对他的警示:看看你们德国人对法国做了什么。法国北部遭受的战争破坏是宣传战的焦点之一,埃茨贝格尔作为非战斗人员,很有可能早就在报纸、明信片和新闻短片上的照片看到过。他是一个有教养的人,兴趣广泛,应该读过亨利·巴比塞(Henri Barbusse)的反战小说《火线》(*Le Feu*),书中用动人的文字描述了"田园的毁绝"。也许他曾看过一些他那个时代的绘画作品,其中有许多致力于一种全新形式的风景画,比如英国画家保罗·纳什(Paul Nash)便以自己的战争经历完成了一幅极具代表性的作品,画中惨白的太阳在完全为战火所摧毁的原野上升起。这幅讽刺与希望交替的作品,名为《我们正创造新世界》(*We are Making a New World*, 1918)。然而,亲眼见到如此凄凉的景象、目睹世界大战的毁灭性影响,和读书看画的感受是完全不同的。埃茨贝格尔在他的回忆录里如此写道:"这段旅程给我的震撼,比3个星期前我独子的去世还要来得沉重。"

对于被战争蹂躏的风景,美国军官哈里·S. 杜鲁门已经习以为常。在一封信里,他对女友贝丝·华莱士(Bess Wallace)描述他之所见:"曾经的美丽森林如今是一片残缺的树干,光秃秃的树枝伸展着,它们看起来就像幽灵。地面是无数的弹坑……这块面目全非的土地,原本应像法国其他地方一样丰饶秀丽,现在却犹如伊甸园旁边的撒哈拉沙漠,或是亚利桑那州。当月亮在我上面提到的残枝断木后方升起时,你可以想象那幅景象:50万名法国人在此遇害,这就像他们的冤魂在举行一场哀悼的游行。"

杜鲁门，这位来自密苏里州的农民，第一次世界大战的协约国军官，就待在马蒂亚斯·埃茨贝格尔于 11 月 7 日晚途经的废墟小镇绍尼往东 150 公里的地方。在杜鲁门自 1918 年 9 月底以来投入战斗的阿尔贡森林，爆发了德意志帝国和协约国之间最后的交战。法军最高统帅福煦元帅选择这片位于法国、德国和比利时之间的丘陵地作为决定性攻势的地点。"齐格菲防线"——协约国称之为"兴登堡防线"——是德军前不久才扩建的防御阵地，它在 1918 年 9 月底第一天的进攻中就被攻破。然而，法军和美国远征军——美国到那时为止在海外投入的最大兵力——并没有就此满足，他们继续向东，朝着莱茵河方向挺进。在凡尔登附近的驻扎地，杜鲁门写道："未来没有希望。我住的地方前院埋着法国人，后院埋着德国佬，在眼睛能到的地方到处都是他们的尸体。每当德国的榴弹击中这里西边的某个地方，地下的尸体碎片就会被翻出来。幸好我不信鬼。"

德意志帝国的威廉皇储和皇帝不同的地方在于，他没留胡子。仿佛为了把自己和那位形象过于高大的父亲做出区分，皇储的鼻子下方刮得干干净净、只见光滑皮肤，而在相同位置，皇帝则留着那副引人注目、犹如帝国雄鹰俯冲般的跋扈翘胡。对比威廉二世的庄严雄伟，皇储尽管年纪也不小了，给人的印象却总是像没长大的孩子，感觉少了点什么。不过这样也好，起码这位出生在波茨坦大理石宫的普鲁士霍亨索伦家族长子不必像其他数千名德国士兵——包括阿道夫·希特勒——一样，剪去他们象征荣誉的胡子，因为毒气战和防毒面具的发明，让胡须变成了具有死亡威胁的东西。1918年，36岁的威廉皇储是德国皇储集团军的统帅，他在这个紧要关头仍保有4支部队。但皇储并非事实上的指挥。那位从小就让他和政府事务保持距离的父亲，一再严厉地告诫他，一切都要交给总参谋长——弗里德里希·冯·舒伦堡伯爵（Graf Friedrich von der Schulenburg）来决定。因此，皇储总是一语双关地称后者为"我的领导"。1918年夏天起，德军最后的攻势陷入停顿，德国皇储集团军也节节败退。

1918年9月，协约国的攻势依然强劲，皇储对德国取得胜利的信念第一次有所动摇："我们已经感觉到，我们陷入了敌人这波攻势的高潮，而……不得不尽最大努力，竭尽所能来顶住它……但还能撑多久？"不久之后，在对弟弟埃特尔·弗里德里希（Eitel Friedrich）所领导的近卫军第一师的一次造访中，他终于不得不承认，现在的德国是没有希望与协约国军队对抗的。一向非常乐观的弗里茨[1]阴郁且憔悴地接待了他，前者整个部队只剩下500人，士兵的伙食很糟糕。火炮用尽，也不再有新的送来。尽管那些美国步兵"完全不懂作战"，他们以纵队进攻，被全面开火的机枪横扫。然而代表协约国最新武器技术的坦克，着实给德国军队带来很大的麻烦。美军坦克旅轻松碾过德军每20米只有1人把守的战壕，然后在看守士兵的背后开枪。而且，和德军相反，看起来那些美国人拥有取之不尽、用之不竭的重炮和兵力。他们的每一次

---

[1] 弗里德里希的昵称。

进攻火力都非常猛烈,这种强度即使在凡尔登和索姆河战役都不曾有过。皇储兄弟从小是听着英雄故事长大的：士兵的英勇气概和视死如归的荣誉感,还有那些身先士卒、拔出佩剑、骑在马上、盔羽飞扬的将军,将决定整个帝国的兴亡。现在他们面对后勤装备的枯竭,发现自己置身在血肉横飞的人间炼狱里。

敌人的优势让威廉越来越沮丧。由于身体的疲倦、装备的破损及弹药的日益减少,他剩余的部队——那些从没考虑过投降的士兵——艰难地抵挡着一再冲锋的敌人。对方的每一次进攻都加重了威廉心中的无力感。"空气在炮火中颤抖,低沉的轰炸,高声的咆哮,这个世界不再平静。"9月底,皇储很清楚这种情况再也支持不下去了："这些被饥饿、疼痛和困苦所折磨,一次又一次为祖国奋不顾身的人,现在他们的脑袋里究竟如何区分自己的能力和意愿？"

艾文·C. 约克（Alvin C. York）纠结了很长时间才加入美国陆军。这个质朴的年轻人身材高大、发色火红、肩膀宽阔,他成长于田纳西州山区的帕默村,是个虔诚的卫理公会信徒。他笃信《圣经》上的每一句话,其中第五诫说的"你不可杀人"是他拒绝军队征召的最神圣的依据。他收到征召令时深感矛盾：作为一个基督徒的义务,身为一个美国人的责任,究竟孰轻孰重？他反复阅读《圣经》,想从里面寻找能够给他指明方向的段落。他向上帝祈祷,咨询自己的牧师,终于决定申请拒服兵役。他的书面理由非常直接："我不想战斗。"然而,他的申请没被接纳,最终约克还是接受了这无法避免的现实，只希望自己将来不会被分配到战斗部队。他在佐治亚州的戈登营接受训练，然后经过纽约前往波士顿。1918年5月1日凌晨4点，从未离开过家乡的约克乘船出发，横跨大洋前往遥远的欧洲，去和素未谋面的敌人作战。他想家又晕船，还害怕碰上德国潜艇的鱼雷，船上的日子相当难捱："对我来说，这里太多水了。"

在英国短暂停留后，约克于1918年5月21日抵达濒临海峡的法国港口城市勒阿弗尔。他拿到了武器和防毒面具，日后他回忆道："这些东西让战争又走近了一步。"自1918年7月起，约克所在的部队划归法国总司令部指挥，最初他们待在前线较为平静的地方，以便积累经验。约克所经历的第一场战斗，是9月12日以后的圣米耶尔战役。这场双方均死伤惨重的战斗以美国取胜而告终，它对世界政治具有重大意义：这是美国远征军在美国总司令约翰·潘兴将军（General John Pershing）指挥下的第一次独立作战。自参战以来，美军部队一直受法军司令部领导。所以圣米耶尔战役象征着美国人对自己的全新认识，人们甚至可以说，这个法国北部的小镇是美国人登上世界舞台的开端。

10月初，约克的部队调往阿尔贡，10天之后，决定性的最终攻势就将展开。约克也见识到那里满目疮痍的景象，在他看来"仿佛被一场龙卷风暴袭击过"。在行军途中，约克便已和死神擦肩而过。德军轰炸他们脚下的军事通道，而头顶的德国战机也朝他们开火。10月7日那天，约克是在沙泰勒谢埃里附近的一处弹坑里度过的。敌人的子弹近距离如雨点般扫射，他的伙伴死伤惨重。

大声哀号的伤兵被医护兵用担架抬走，而张嘴瞪眼的死者只能留在路边。这时，下个不停的雨已经开始淹没他们藏身的弹坑。

10月8日凌晨3点，命令下达了，这是约克部队在本场战争中最冒险的行动。6点时，他们要登上附近的223高地，从那里拿下德军的铁路补给线。约克随部队出发，他们戴上防毒面具，冒雨在泥泞中前进。6点10分，比原定计划稍晚，进攻开始了。迫击炮牵制住了德国人，然而美国大兵朝前冲锋的山谷还是成为他们的葬身之地。敌人躲在看不见的地方朝他们扫射，山谷里四面八方都有子弹横飞。第一排的冲锋战士就像"被除草机放倒的杂草"般倒下。没死的也深深蜷缩在任何一个障碍物、任何一个隆起的土坡甚至是他们的伙伴后面，以寻求掩蔽。在这样的枪林弹雨下，连抬头都做不到。显然，迎着敌人如此强大的火力正面进攻是毫无胜算的。就在这紧要关头，约克的长官做出了新的决定。他命令3个小分队里还活着的人朝德军的后方移动。于是包括约克在内的17个士兵匍匐在地，爬过两旁茂密的灌木丛，朝着机枪嗒嗒作响的方向奋力挺进。

就在离锁定的目标只剩几步之遥时，这些匍匐前进的美国大兵身前赫然出现了一片空地，他们和十几个正在吃早餐的德国士兵撞个正着。后者的武器和头盔都还在一边搁着呢。双方对这意料之外的遭遇都吓了一跳，有那么一瞬间，他们就像被雷劈了似的呆住不动。但美国人很快反应过来，举起手上的武器对准那些还坐在衬衣袖子上咀嚼食物的德国人。德国士兵以为还有更多的美军部队跟在他们后头，只好举起双手，乖乖投降。

然而，德军的机枪手马上发现情况不对，把机枪调转过来朝后方开火。约克眼见他的6个伙伴都中枪身亡。"萨维奇下士……身上一定有百来个弹孔。他的衣服都被打得粉碎。"美国人和他们的德国俘虏都赶紧卧倒在地，刚才占得先机的前者躲在俘虏们的身后寻求掩护。约克离德军的机枪阵地只有不到20米的距离。身陷敌人密集火力的包围，这位来自田纳西山区的狙击手全靠他敏锐的眼睛和坚定的双手，每当有德国人从隐蔽处露出脑袋来，他当头就是一枪，干脆利落。对约克来说，这就像是家乡的射火鸡比赛，只是现在的靶子要大得多了。

最后，有个德国军官带着5个士兵从战壕里一跃而出，拿着上好刺刀的步枪朝约克冲来。不过，他们刚靠近，就被他掏出手枪挨个放倒。他先对着落后的敌人开枪，由后往前送他们归西。

在此期间，约克击毙了20多个敌人，他大喊着让对方剩下的人投降。一个德国少校请求约克不要开枪，好让他们走出来。约克同意后，少校吹了一声尖锐的口哨，德国士兵便一个接一个地从他们的壕沟里爬出，把武器抛在身前，举起双手。约克让他们排成两排，由他剩余的弟兄负责看守。现在，美国人准备往回走，但他们面临着双重的危险：一方面，附近仍然有不少德军阵地；另一方面，人数众多的俘虏队列可能会被当作反攻过来的德军，从而令他们遭到自己人的炮轰。尽管如此，约克一行人还是顺利地回到美军营地，沿途甚至俘获了更多的德军。在营地里人们对战俘进行清点，一共是132名，他们几乎全是约克这位曾经的和平主义者一个人抓回来的。

就在西线的这场终极攻势仍在继续，还有超过100万名士兵将为此牺牲他们的自由、健康或性命的时候，国际外交方面已有国家开始谋求结束战争的可能。德国政府在10月4日给华盛顿发了一封电报，请求与美国总统伍德罗·威尔逊就停战展开磋商。这是德国的一种策略，目的是让持温和言论的美国总统在和平谈判中扮演决定性的角色，借此促成另一种解决方案。英法态度强硬，尤其是法国，没有哪个国家比它更渴望见到死敌德国为其侵略行为受到严厉惩罚。与法国相反，威尔逊于1918年1月8日对美国国会的演讲中就已提出"十四点原则"，它表达了美国的战争目标和未来实现和平的基础构想：公开的和平谈判，海上航行的自由，贸易自由，削减军备，有效调解殖民地的权利诉求。这位美国总统主张，欧洲和远东地区在战争中受到冲击的国家边界，可以通过德军撤出和疆界的重新划分来恢复稳定。此外，应在各国相互保证主权独立和领土完整的基础上，建立民族国家的联合组织。稍后，威尔逊还要求德国必须在政治上实现议会体制，德皇应该退位。这份后来为他赢得1919年诺贝尔和平奖的提案，并没有经过与欧洲盟友的协商。美利坚合众国现在理直气壮地认为，既然它为战争贡献了自己非凡的力量，那么它就不仅要成为世界大国之一，还要成为世界大国的领导。

至于停战谈判的相关军事细节，威尔逊则交给协约国的将军们来处理。因此，1918年11月1日在巴黎，协约国联军总司令、法国元帅费迪南·福煦会见了主要盟友的政府代表，向他们阐述自己对停战的构想。福煦认为，所谓的停战，必须是对方彻底的投降。只有如此，才能避免用一场惨烈的最终决战——对此他期盼已久——来赢得这场战争。在接下来的谈判中，他坚持要占领莱茵河右岸。这是必不可少的。否则，在莱茵河和暂时停火的保护下，德国人就会趁机重整军队，继而不是重新发起进攻，就是对以后的和谈施加压力。对福煦来说，"战争景观"（Kriegslandschaften）也扮演关键的角色。但他指的不是战争遗留的亡灵森林，而是库尔特·勒温（Kurt Lewin）于1918年提出的"定向景观"（gerichtete Landschaft）概念。这位柏林的社会心理学家指出，军事战略如何给自然制定了边界和方向，它划分区域和通道，表示"前方"和"后方"。这恰恰就是福煦的做法。他的前线司令部更像是一家大型企业的指挥中心或工程师办公室，他在里头划分战略概念上的地理空间，部署他的人力和资源。基于这样的军事理念，福煦坚持协约国军队要跨过莱茵河。对他来说这是数量和可能性的问题。一场受战略和战术指导的现代战争，能够以一种同样符合逻辑的现代和平终结吗？他的回答是：如果做不到，得之不易的胜利所换取的未来就会遭受威胁。

到11月4日，协约国一方的停战条件敲定。它在很大程度上遵循了福煦的想法，被第一时间送往华盛顿。同一天，参与谈判的德国停战委员会代表也到达巴黎。福煦指示了接待事宜。几天之后，在11月6日晚上，一封无线电报送到福煦手中，上面有德国代表团成员的详细名单。

哈里·S.杜鲁门率领的129野战炮队负责掩护协约国地面部

队的进攻。11月初他写信给他亲爱的贝丝说,他在5个小时内向"匈人"射了1800发炮弹。一开始,他的部队仍然必须谨慎应对。一旦他们开始发射炮弹,就暴露了自己的位置,对手会用铺天盖地的炸弹和毒气置他们于死地。这是一场奇怪的战事,取决于技术、战术、策略、弹道学和后勤供应,这些因素让双方几乎不曾面对面交战。然而到了10月底,德军的反击愈发无力。这些德国人"看来已经用尽了力量……昨天他们的一个飞行员连人带机坠毁在我们连队后方,他扭伤了脚踝,飞机摔成碎片。周围的法国人和美国人一拥而上把他抢得精光。他们甚至连他的外套都想拿走……我们的一个军官,写到这里我实在觉得羞耻,他从飞行员扭伤的脚上拽走了靴子并据为己有。'战争结束了'",飞行员声嘶力竭地喊着,好让他们饶他一命。

尽管如此,这场进攻也耗尽了杜鲁门的部队。迅速推进的战线需要他们马不停蹄地跟着移动。此外,碰到泥泞不堪的地带,他们就得用马或是人力来拖曳大炮,过程十分费力。夜晚的行军尤其折磨这支部队。"我们几乎每一个人都变得神经衰弱。所有人都掉了肉,看起来就像一群又瘦又脏的稻草人。"

随着德国人的败局越来越明显,杜鲁门的部队不断往前逼退他们不曾谋面的对手,相应的损失越来越小,对他来说,这场美国自1917年4月加入的战争,就愈发显得是"一次绝佳的体验"。身为军官,他在一个又一个的驻扎地度过了不眠之夜。那些配备着应急炉灶、电话机和野战炊具的地方,日益变成他临时的家。他自嘲地意识到,现在自己已经习惯睡在地上,回家后大概会喜欢在地下室过夜。战争的最后几个星期,眼看胜利就要来到,杜鲁门在信中的语调也欢快起来。他更频繁地随意表达自己对家乡的种种幻想:等到日后回家,他会非常高兴能赶着驴子惬意地走在玉米地上,就这么度过自己的余生。他甚至抽出时间,给他心爱的贝丝寄去两朵花作为纪念,还配上了情意绵绵的文字。

阅读杜鲁门关于战争最后那些日子的信件,会让人想起查尔斯·卓别林的《从军记》(Shoulder Arms),它于1918年10月20日在纽约百老汇上映。在这部电影里,为了给战争募款,留着一小撮胡子的卓别林表演他拿手的滑稽戏码,而场景设置的地方恰恰就是杜鲁门所在的法国北部。影片最后,主人公从德国人手上救下一位漂亮的法国女孩,还歪打正着地俘虏了德国皇帝,以"一次绝佳的体验"结束了世界大战。

11月7日下午稍晚,协约国联军总司令费迪南·福煦在巴黎以北的小镇桑利斯登上一列专车。与之随行的有他的参谋长马克西姆·魏刚(Maxime Weygand)及其他3位参谋总部的军官,还有以海军上将威姆斯(Rosslyn Wemyss)为首的英国海军代表。这趟旅程并不长,过了贡比涅,火车就在雷通德附近的一片林中空地停下了。然后是彻夜的漫长等待。至于埃茨贝格尔一行人,他们所搭乘的列车午夜过后从泰尔尼耶那已成废墟的火车站开出,直到隔天早上7点才赶到。

2个小时后,1918年11月8日上午9点,双方在福煦专车特设的办公室车厢里首次会见。气氛并不热络。先进房间的是德国代表团，他们在谈判桌旁指定的位置就座后，福煕元帅率领的法国代表才进门。在埃茨贝格尔看来，福煕是"一个外表严肃坚定的小个子"，"第一眼就给人惯于发号命令的感觉"。双方并没有握手，只是互相致以军礼或微微欠身。德国代表作自我介绍：埃茨贝格尔，阿尔弗雷德·冯·奥伯恩多夫（Alfred von Oberndorff），德特洛夫·冯·温特费尔德（Detlof von Winterfeldt），恩斯特·凡斯洛（Ernst Vanselow）。他们必须出示自己的全权证书。

接着，福煕装作一副无知的样子展开谈判："先生们有何贵干？有什么我可以为你们效劳的？"埃茨贝格尔回答说，德国代表此次前来，是为了了解协约国所提出的停战建议。福煕抠字眼地说他并没有提出什么"建议"。于是奥伯恩多夫问元帅希望他们用什么措辞，德国方面并没有玩什么花招，只是为了停战前来咨询协约国的条件。福煕还是一口咬定他也没有提出任何条件。埃茨贝格尔只好朗读了威尔逊总统最近的一份照会，上面清楚地写着，授权福煕元帅发布停战的相关条件。这下，福煕才亮出他的真实意图：他说，他是被授权通知他们相关的停战条件，但前提是德国得先请求停战。他决不会让德国人免去这份屈辱。

因此，埃茨贝格尔和奥伯恩多夫做出正式声明，他们是代表德意志帝国政府前来请求停战。魏刚将军这才开始宣读11月4日协约国决议的重要条款。"福煕元帅不发一语地坐在桌边，脸上没有任何表情。"而不列颠帝国代表、海军上将罗斯林·威姆斯也尽量表现出无所谓的样子。但是他单片眼镜的角质镜框不停颤动，显然内心十分兴奋。

魏刚将军后来回忆起，德国代表们在聆听条款时脸色苍白，彻底僵住。年轻的海军上校恩斯特·凡斯洛还流下了眼泪。这份条约不只要求德国军队立刻退出他们在比利时、法国、卢森堡及阿尔萨斯－洛林所占领的全部土地，还将计划——正如福煦态度强硬地要求那样——占领莱茵河左岸以及美因茨、科布伦茨和科隆桥头堡阵地周围的中立区，并命令德国人交出武器、飞机、战舰和铁路，以及废除和俄罗斯在1917年所签订的和约。

"这一刻真是令人心碎。"魏刚回忆道。就在他念完后，温特费尔德将军很快提出请求，至少推迟协定的签字期限，以便他和德国政府协商，此外在德方审核内容期间，双方应该休战。但是这两点福煦都拒绝了。他说，法国时间11月11日早上11点便是最后通牒的期限。停战协定签署后才实现停火。不仅如此，福煦还在同一天给前线指挥官发了一封电报，命令对德军的攻势照旧，不能让对方有半点喘息的机会。他们务必在谈判期间取得"决定性的成果"。既然如此，埃茨贝格尔强调说，那就没有什么好谈的了。面对这份提案，德国人要么拒绝，要么接受。尽管如此，他还是力促双方其他从属代表"私底下"进行对话。他希望至少能在期限和交付数量上争取宽限，必须避免德国发生饥荒和社会秩序的全面崩溃。

第一次会谈结束后，德方代表成员冯·赫尔多夫上尉（Hauptmann von Helldorf）将协约国提出的所有条款发给位于斯帕的德军总参谋部。当天下午和接下来的两天里，代表们展开了他们之间的"私人谈话"。时间一分一秒地流逝。到了11月10日晚上9点左右，离最后期限只剩14个小时，一封来自德国首相的加密电报送到了谈判双方所在的林中空地，授权埃茨贝格尔接受协约国提出的所有条件。尽管如此，德国代表团还是凭借他们的游说改变了个别条款的最终内容。11月11日凌晨2点到5点之间，人们仍在修订停战协定的文本。尽管它的内容仍然非常苛刻，然而其中的改动不仅仅停留在字面意义上。德国交出的飞机数量从2000架降至1700架，机枪从3万挺降到了2.5万挺；后者的理由激怒了法国元帅：埃茨贝格尔宣称，德国需要武器是为了镇压德国内部的叛乱。在莱茵河右岸10公里——原来是40公里——内设立中立区。德军在莱茵河左岸的撤离时间由25天延长到31天。至于代表团对德国可能发生饥荒的警告，现在得到协约国的担保，他们会在预定为36天的停战期里给德国提供食物。

11月11日早上5点20分，秋日微弱的朝阳尚未探出头来，双方在停战协定的最后一页上签了字。经过协商修订的协约最终版全文现在得以确认。埃茨贝格尔在拧上笔盖后发表了一则声明，其中提到，这份协约中的一些条款在现实中是根本无法履行的。他以一句充满爱国情感的话作为总结："一个有着7000万人民的民族即将受苦，但它绝不灭亡。"对此，福煦的评论只有一句："那敢情好！"随后双方代表各自离去，他们依然没有握手。

照这么说，我们讲述第一次世界大战的方式几乎就像在演出一场室内剧，它让人觉得，在1918年这个秋天的历史似乎并不复杂，世界史浓缩成了世界简史，仿佛人们把注意力放在几个人身上,只需关注发生在巴黎、斯帕和斯特拉斯堡——那时斯特拉斯堡还属于德国——之间一目了然的事就够了。但事实上,这场世界大战所发生的可要远远超过一节火车车厢所能承载的容量。

这场战争始于1914年,到1918年时已从欧洲大国之间——以法国、英国和俄罗斯为主的协约国对阵以德意志帝国、奥匈帝国及意大利(1915年后退出)为主的三国同盟——的纠纷演变成一场全球性的相互对抗。不只是在欧洲,近东、非洲、东亚和各大洋都爆发了战事,五大洲共有7000万名士兵参与战斗。其中有1600万人为第一次世界大战付出了生命:除了欧洲人外,还有80万名土耳其人,11.6万名美国人,7.4万名印度人,6.5万名加拿大人,6.2万名澳大利亚人,2.6万名阿尔及利亚人,2万名来自德国东非殖民地(坦桑尼亚)的非洲人,1.8万名新西兰人,1.2万名印度尼西亚人,9000名南非人和415名日本人。[1]

在本书的几位主人公眼里,1918年11月所发生的重大转折似乎是战争与和平之间再清楚不过的分水岭。然而,仅凭几个人在一纸和约上的大笔一挥,要刹住整个世界高速运转的战争机器是远远不够的。1918年,一战的战胜国和战败国总共缔结了4份停战协定,贡比涅停战协定只是其中之一。对真正的和平谈判来说,它只是第一步,直到1923年最后一份和约彻底结束战争之前,许多地方的军事行动和交战仍在继续:停战生效后,西线战场的协

---

[1] 一战期间,还有14万中国劳工应英、法政府之召,在中国政府的安排下来到欧洲战场,从事挖战壕、修铁路、掩埋尸体和清理战场等工作,不少华工死于这场战争。

约国军队继续推进到莱茵河,并占领了它的右岸地区。巴尔干半岛爆发了匈牙利和罗马尼亚之间的战争。在波罗的海地区,拉脱维亚为保卫其独立与新生的苏俄鏖战不休。此外,有更多的人死于席卷全球的西班牙流感,死亡人数超过所有战场上所有战役的总和。

战争很快就卷土重来。英国和爱尔兰爆发冲突,波兰和立陶宛、土耳其和亚美尼亚共和国、土耳其和希腊之间也新生龃龉。同时,1917年的俄罗斯革命引发了一场血腥的内战,布尔什维克的支持者与反对者在欧洲东部和亚洲大陆上互相残杀,战事一直持续到1922年。

马琳娜·于洛娃(Marina Yurlowa)来自一个哥萨克[1]家庭。她在高加索的农村长大。为了和父亲在沙皇的军队并肩战斗,她剪短了头发,换上了男人的装束。当她甘愿为之冒生命危险的沙皇被推翻时,她正躺在阿塞拜疆城市巴库的医院病床上。此前,她在驾驶军用卡车时遭遇榴弹袭击。对于后来所发生的事,她只依稀记得爆炸的巨大声响,散满汽车碎片的现场,以及伤者的呻吟。好几个月来她都处于半清醒的状态,辗转于不同的医院。她身体的外伤很快就复原了,但爆炸造成的心理创伤从未好转。她会全身震颤,头部不受控制地左右摆动,张开嘴吐出的只有一连串无法理解的咕哝声。那时,马琳娜才17岁。混乱的场景一再浮现,

---

[1] 哥萨克人生活于东欧大草原,擅长战斗和骑术,是俄罗斯帝国扩张战争中的主要战斗力。

关于她原本可以拥有的人生，和那改变了一切的瞬间。曾经英勇的战士，如今只是战争的受害者。

在后来的几个月里，马琳娜亲眼看见了 1917 年十月革命后的世界。在转院时，她看到一群起义士兵在村里的广场上，残忍地杀掉了一位满头灰发的旧俄将军。这些还穿着士兵制服的人，一个接一个把他们手里的刺刀扎进那位老人的肚子里，尽管后者早在第一刀后就倒地死去。3 年来，马琳娜在战争的腥风血雨里经历了无数的暴力和死亡，但"没有一次能与这样的谋杀相比"。后来，她从莫斯科医院的窗口望见外头起义士兵的聚会，他们正声嘶力竭地抨击沙皇，这让她感到昔日的社会秩序已不复存在。"那时在巴库，我有一种模糊的感觉，就是世界末日到了。我的老保姆以前总是跟我说，在基督降生 2000 年以后，世界就会迎来它的毁灭。"看来老妇人的预言是有道理的，马琳娜想，这一想法以一种奇特的方式抚慰了她。

俄罗斯为美好未来的斗争从 1917 年就已经开始，马琳娜·于洛娃作为战争伤残人员，并不需要马上就表态自己拥护哪一边。然而她家世代忠于沙皇，她心里从未对自己的立场有过怀疑。即便她的脑袋因为伤病总是左右不停地晃动，至少对沙皇的信仰是稳当的。她在莫斯科获得电击治疗，病情逐渐有了明显的好转。除了一天三次的电疗，这位战争的受害者完全没有注意到在 1918 年 3 月和俄罗斯签署《布列斯特—立托夫斯克和约》的那个德意志帝国已经灭亡。马琳娜所麻木忍受的现实，是她洁白的床单在日复一日的漫天灰尘和烟雾里变得污秽不堪。从病房的木条窗框里，她隐隐约约看到莫斯科是如何建起了新的政府。听到沙皇尼古拉二世及其一家被处决的消息时，她惊骇莫名。她是否也听说了在亚历山大花园里，布尔什维克们为新建成的法国革命家罗伯斯庇尔雕像举行揭幕仪式——而这座用质量极差的水泥浇筑的雕像，没过几天又被捣毁？

这时候，托马斯·E. 劳伦斯（Thomas E. Lawrence）刚刚离开了叙利亚城市大马士革。1918 年 10 月 1 日，他以胜利者的姿态进入这座城市。那天早上 9 点，阳光耀眼，劳伦斯身穿麦加王子的婆娑白袍，纵马穿过雄伟巍峨的城门。人们在他前方跳着旋转舞，他身后则是骑在马上的阿拉伯部落战士，他们高声呼喊着，并屡屡朝天放枪。整座城市的人翘首以待，只为一睹劳伦斯的风采，他可是挺身反抗土耳其帝国的阿拉伯革命代表："阿拉伯的劳伦斯"。奥斯曼土耳其及其德国盟友的中东之战，由此彻底宣告失败。

然而，英国军官劳伦斯并没把进军大马士革当作胜利。常人无法想象的精神压力已让他疲惫不堪，而过去几周以来，他还亲眼看见了冷血的屠杀。比血腥场景更折磨他内心的是，他知道自己和阿拉伯朋友们为之战斗的自由，早就变成了一头不伦不类的怪物。因为那些欧洲政客、将军和外交人士早就达成协议，要在奥斯曼帝国瓦解后瓜分他们垂涎已久的中东地区。在他们的雄伟大计里，阿拉伯民族的角色根本微不足道。

在战争最后的日子里，鲁道夫·赫斯（Rudolf Höß）也在大马士革，至少他在自传里是这么说的。这个年轻的德国士兵还未满18岁，他来自巴登的曼海姆，父亲是严厉的天主教徒，想把他培养成神职人员。然而父亲在战争的第二年就去世了。这个小伙子无人管束，对学业也失去了兴趣。为了离开家，他志愿参军，这场世界大战把受天主教熏陶长大的他带往应许之地。在巴勒斯坦这块他通过《圣经》所认识的神圣土地上，赫斯经历了一场德意志帝国及其土耳其盟友对抗大英帝国及其阿拉伯盟友的残酷战争。

当他的部队在沙漠里和敌军遭遇时，赫斯第一次端起枪瞄准他的对手：英国人、阿拉伯人、印度人和新西兰人。他第一次品尝到了生杀予夺的滋味，凭借手上的武器就可以决定一个人的生死。面对第一个死在他枪下的人，他还不敢直视。不过，死亡很快成了家常便饭。在等级森严的部队里，赫斯感到如鱼得水，他非常享受和队友共同作战的战友情谊。"尤其是，我非常信任我的队长并以他为豪。长官如父，这是一种发自内心的亲密关系，就像我对我的父亲。"

除了血腥战事和袍泽之情，赫斯后来还回想起一次特别的经历，它从根本上动摇了他的宗教信仰。那次，在约旦河谷地区巡逻的德国士兵遇到一群农民，他们推着载有青苔的手推车。士兵把推车翻个底朝天，确认里面没有任何偷运给英国人的武器。赫斯通过一名翻译问那些农民，这些青苔是干什么用的。他被告知它们将被送往耶路撒冷。在那里，这些带有显著红斑点的灰白色苔藓将作为"各各他[1]的苔藓"卖给朝圣者,他们相信那上面沾了耶稣的血,将带回家作纪念品。这种打着宗教幌子骗钱的做法让赫斯深感厌恶,也让他开始疏远天主教会。

1918年11月,当马琳娜·于洛娃被转移到莫斯科以东鞑靼斯坦的首都喀山时,不再由沙皇统治的俄罗斯已经退出了世界大战,取而代之的是一场影响深远的全新对决:俄罗斯革命者及反革命人士之间的内战。在莫斯科的火车站,仍在病中的马琳娜目睹了一次枪战,布尔什维克的红军据守火车站,力抗支持沙皇的"白军"。那些被围困的红军士兵面黄肌瘦,军服也破烂不堪,完全不像一支正规的军队。然而他们毫不畏怯,不胜利毋宁死。在马琳娜看来,这些"黄色幽灵"正是俄罗斯革命的象征。即便她支持沙皇,也不得不对他们致以敬意。

前往喀山的火车缓慢地前进。在终点等待马琳娜的,不过又是一家医院,又一个塞满硬板床和破旧床具的大厅。躺在她隔壁床的是一个英俊的小伙子,才刚20岁。他有着粉扑扑的脸,漆黑卷发下是一对亮闪闪的灰白眼珠。马琳娜好一阵子才反应过来他身上有什么不对劲的地方:这个从来不下床的年轻人,既没有手臂,也没有腿。全身只有头部还能转动的他,目光始终不离马琳娜,对这仅剩的能力显得既痛苦,却又混杂着一丝骄傲。

革命之火也蔓延到了喀山。布尔什维克决心要动用一切力量

---

[1] 各各他(Golgatha),位于耶路撒冷西北郊,相传为耶稣死难地。

来对付沙皇的支持者。在一份被红军征召的住院者名单上，马琳娜发现了自己的名字，这让她非常绝望。尽管她头部颤动不已，神经也受到损伤，可这样的她还得去打仗？红军贴出的告示命令他们前往喀山大学报到。现在，马琳娜不得不接受革命的逻辑。由于身体上的残疾就可以置身于伟大的意识形态斗争之外，这不符合布尔什维克的原则。一个人要么是新俄罗斯的热烈拥护者，要么就是它的敌人，必须被清除。那位意气风发、为他们做体格检查的红军战士显然就是这么想的。他宣称保持中立是一种"不可原谅的姿态"，也不承认士兵不应干预政治这样的说法。他对这些行动不便的人吆喝道："你们的立场是什么？你们站在哪一边？"然后，他转过身来盯着马琳娜："你相信什么？"但她还没开口，这个男人就自己给出了答案："一个女哥萨克！……你们哥萨克以沙皇的名义镇压农民和工人！""这位弟兄！"马琳娜呼喊着，抬起手来，准备义正词严地反驳他——大家都是俄罗斯人，都是为了保卫祖国而战斗——然而她还没开口，那为爆炸所伤且一直不曾复原的神经又犯病了。马琳娜失去了知觉。再睁眼时，面对她的已是灰暗铁壁。

第二章　天涯共此时

万岁,战争结束咯!
万岁,我们赢咯!
告别漂泊的生活,
告别枪声的喧嚣。
回到那亲切的家园,
和平鸽栖息的故乡;
不要再让我们歌颂战争,
让我们只为爱欢唱。

——哈里·劳德尔,《和平歌》,1918 年 11 月*

---

* 哈里·劳德尔(Harry Lauder, 1870—1950),苏格兰歌手,曾被丘吉尔誉为"有史以来最伟大的苏格兰使者",《和平歌》(Peace Song)是他广为传颂的作品之一。

1918年11月11日刚过11点，路易丝·韦斯（Louise Weiss）在她那间位于巴黎里尔大街、狭窄得转不开身的办公室里，被突如其来的喧哗吓了一跳。先是挪动椅子的吱嘎声、推开门窗的砰砰声，然后人们叫喊起来，还夹杂着歌声与钟声。她那些《新欧洲》周刊（L'Europe nouvelle）的同事也纷纷穿过院子，涌到大街上。是时候了吗？

世界大战开始时，路易丝·韦斯才21岁。她以出色的成绩通过了毕业考试，然后和她的兄弟姐妹前往布列塔尼的宁静小镇圣凯波特里约尽情游览。那时，路易丝还觉得小镇的夏日风光十分迷人，比以往任何时候都美。直到她敬爱的哥哥乘上火车去参加对抗德国的战争，留下她在站台火车头喷出的黑烟里迷失了方向时，她才意识到一个新的时代已经开始了。人们都要做出牺牲，她是否也准备好了呢？她觉得自己的回答是"不"。而她参军的哥哥根本没被问到这一问题。

大战开始的头一两个月，法国在初期的边境战役中陷入苦战，一大波难民逃往战火仍未波及的法国西部。对路易丝来说,向他们伸出援手是理所当然的事。她克服自己的腼腆,请求当地的牧师拨一块空房给她,缠着她的伯父讨资金,又拜托赫特尔修女——她是小镇里"万能搬家"公司的老板——给她提供一辆卡车。有了这些,她在村子里绕上一圈,收集床垫床具、锅碗瓢盆和木柴炭火。这些生活必需品刚刚凑齐,第一个需要帮助的家庭就上门了。

物资供应一天比一天少,但路易丝总是有办法找到无私的捐助者。没过多久,一些贫苦无依的人以及马恩河战役的受伤士兵也纷纷前来求助,路易丝把他们安置在一位叫瓦雷的独居女士的别墅里。有一些士兵是摩洛哥人和塞内加尔人,他们给这个布列塔尼的小镇带来一阵骚动。然而村民们终归还是慷慨解囊,部队也得以恢复元气。他们表达衷心的感谢后,便继续上路。

经过一番曲折,路易丝回到巴黎,在一位议员的办公室里担任接待秘书。对这位天资聪颖、有着大学文凭的年轻女士来说,这并不是一份非常理想的工作,但她能在这里认识一些有意思的人,还可以在不经意中把握许多最新消息。路易丝·韦斯对政治有兴趣,她密切关注着急遽变化的局势,也开始为报刊撰写文章。为了跟踪有价值的新闻,记者和出版人亚森特·费洛兹(Hyacinthe Philouze)经常出现在路易丝所在的接待室。他的名声不大好,办的几份报纸不赚钱,政治上又摇摆不定。有一天,议员不见客,费洛兹便在接待室里和路易丝随意聊天。他告诉这位办公室女郎说,他有一个朋友,刚从死去的战友那里得到了一小笔钱,现在不知道要投资什么好。他问她是否真的甘心一辈子给一位垂垂老矣的议员当秘书——关于这笔钱的用途，或许她有合理的想法？对此，路易丝毫不犹豫地回答说，她想要创办一份政治性周刊，向世界倡导民主，并推动奥匈帝国内部的民族自决。它的名字可以叫"L'Europe nouvelle"——"新欧洲"。

"嘿，"费洛兹喊道，"这个主意不错！"路易丝接着对他细展开了自己的想法，他说："就这么办！"后来，他的确信守了诺言，这让所有认识他的人都感到惊讶。就这样，路易丝离开议员的接待室，搬进了由她一手策划创立的《新欧洲》编辑部。她的职称是"编辑部女秘书"，但其实她干的是编辑的活，负责全部的内容。1918年1月，《新欧洲》创刊号出版。差不多也就在这时，路易丝·韦斯剪短了头发。现在，她留着齐颚长的淡黄色卷发，衬托她那饱满的脸庞和坚毅笔直的嘴唇。

1918年11月11日这天，路易丝·韦斯正在筹划《新欧洲》最新一期的内容，它的主题显然是战争的结束。她是否正着手处理那封她给乔治·克里孟梭的公开信？在这封即将登出的信里，她会祝贺这位法国总理取得了巨大的成就；同时，她也向他发出警告，战争结束后，便是各民族的关键时刻。现在摆在她面前的这一期《新欧洲》，将深入报道中东欧地区在传统君主制瓦解后的处境。其中一篇文章详细阐述了"民族国家联盟"理念的实践，为此，协约国巨头的代表已齐聚伦敦展开讨论。作者儒勒·莱斯（Jules Rais）提出，关键是要在旧欧洲的废墟上火速为更好的未来打好基础。战争结束后还彼此仇视会非常危险，它总是一再引发新的冲突。同样迫在眉睫的危机，还包括欧洲国家之间的经济竞争,这足以导致新一轮的紧张关系。必须通过各方面的努力来寻求解决办法。首先,是对年轻人的教育。他们必须学习其他国家的语言,并通过交换项目探索异国的日常生活。接着,莱斯建议设立一套共有的国际贷款体系,让大国能够以平等互惠的条件给小国提供资助。这样,在战时许多国家都负债累累的情况下,可以协调各国利益,为一个稳定团结的新欧洲、一种可持久的和平奠定基础。

然而,就在她逐字逐句地审核这篇文章时,屋子里掀起了一阵骚动,路易丝马上明白:停战了!可早了4天!新一期的《新欧洲》要到11月15日才付印,现在编辑工作都还没完成呢!同事的兴奋之情没能感染她,路易丝·韦斯关上了她办公室的窗户,把欢乐的钟声和人群的嘈杂一并拒之门外。

1918年11月11日10点半,协约国军官哈里·S. 杜鲁门正在琢磨德国人对协约国提出的停战条件会是什么反应。这时他显然还不知道,就在当天早上,停战协定上的墨水尚未干透之际,福煦元帅已给所有前线部队发出一份电报:"从法国时间11月11日11点起,前线地区中止一切敌对行动。"此后前线不再推进,军队坚守此前所占领的领土,禁止与敌方接触。

电报抵达前线需要一些时间。那时杜鲁门显然还希望继续战斗,直到德意志帝国竖起白旗:"我们不能去蹂躏德国的土地,不能去砍掉他们年轻人的手脚,剥掉他们老头子的头皮,这真是太可惜了;不过我猜,留下他们为法国和比利时做50年奴工,应该更好。"他得意扬扬地总结说,自己在最后的进攻中向敌人发射超过1万发炮弹,"取得了一定成就"。他决定继续轰炸敌人直到最后一刻。附近另一支炮兵分队也尽情开炮,"仿佛他们想趁来得及的时候脱手剩余的弹药"。

杜鲁门所在之处不是唯一继续作战的前线阵地。战争在最后时刻仍旧夺去不少人的性命。9点半,英国军人、利兹矿工乔治·埃里森在巡逻中被射杀。离11点还有5分钟时,在贡比涅西北几百公里以外的阿登地区,法国军人、洛泽尔省牧羊人奥古斯丁·特雷布雄死于德军的子弹。正式停战前2分钟,加拿大军人乔治·劳伦斯·普莱斯在比利时的中央运河附近倒下。

不过最终,法国本土时钟上的时针还是指向了"11"——这特定日子的特定时刻。它载于几位军事领导人和外交官员此前在巴黎附近的森林里所签署的停战协定,这些人凭借自己的签名,让这一时刻具有国际性的约束效力。自此,一个罕见的全球性时刻开启,它将为全世界成百上千万人终生铭记——他们一辈子都不会忘记自己在1918年11月11日11点的所见所闻。

停战协定签署后没多久,费迪南·福煦就离开了贡比涅附近那块具有历史意义的林中空地。他以庄严的口吻形容这个从战争跨入和平的时刻:"继53周的激烈战斗以来第一次令人印象深刻的平静。"而在给协约国军队的通告里,福煦也充满感情地赞美道:"(你们)赢得了有史以来规模最大的一次战争,并且捍卫了最神圣的东西:这个世界的自由!"他还补充道:"尽管自豪吧!

你们为你们的战旗覆上了永恒的骄傲！后代会因此感谢你们的。"回到巴黎，福煦首先去爱丽舍宫拜访法国总统，然后赶往家中，他的妻子正等着他。但沿途到处都是向他欢呼祝贺的人，人们情绪激动，喜极而泣，元帅着实花了不少时间才应付过去。等到了家门口，福煦还得站在台阶上发表一通即兴演说。他的公寓里到处是琳琅满目的花束，多半是各界知名人士赠送的，但也有些他完全不认识的人。整个午饭期间，福煦还不时在窗口露个面，向聚集在街上的人群致意。

对亚瑟·利特尔（Arthur Little）来说，他的幸福时刻已在前一天，也就是1918年11月10日到来。这位隶属美军第369步兵团的军官获得一天探亲假，做了一次特别的出游。他借了一部车，开往驻扎在朗格勒小城约8公里外的一支坦克分队。一到那儿，他便和值班军官取得联系。亚瑟向军官解释来意，后者邀请他一起吃午餐。接着，人们去叫另一位利特尔军士。这位年轻人来了，他在亚瑟面前立正站好，敬礼，开始做报告。然而说到一半，年轻人就顿住了。他瞪大眼睛看着眼前这位长者，好半天才恢复理智能开口："天啊，爸爸！见到你真是太高兴了。别人告诉我你已经死了！"两人紧紧拥抱。

他们一同驱车前往朗格勒，给远在美国的孩子母亲发了电报。晚上两人好好吃了一顿，看了场电影，然后便在一家基督教青年会的旅社过夜。年轻人是直接从前线战场回来的，已经好几个星期没睡过床。他几乎是头刚一沾上枕头便睡着了。第二天一早，亚瑟必须走了,却怎么都叫不醒儿子。于是他让儿子继续躺在床上,他明白,现在儿子可以好好睡了,不会再有什么事来打扰他。那是1918年11月11日,而做父亲的知道,他的儿子不用再去打仗。

带着这种美好的把握,亚瑟·利特尔回到他的部队:独一无二的第369步兵团。这些受法军指挥的美国士兵来自纽约国民警卫队,绝大多数是纽约哈莱姆区的非裔美国人。在美国,黑人想参军可没那么容易,只是由于第一次世界大战兵员紧缺,他们才来到大西洋彼岸服役。他们的新兵训练完全比不上其他士兵:训练地点不得不选在哈莱姆区的体育馆、舞厅这样的公共场所,手上拿的也不是真正的武器,而是铁铲和扫帚。只有少数人能晋升为军官。在这块几十年前才废除奴隶制及种族歧视、各类冲突仍屡见不鲜的土地上,他们不得不忍受无数的轻蔑目光、贬低言论和侮辱性手势。在一次对纽约州国民警卫队"彩虹师"的阅兵中,黑人士兵不准参加。因为彩虹没有黑色,这就是组织方的答复。即使在大西洋的另一侧,黑人士兵一开始也得不到信任。他们往往被派去卸载船只,挖掘战壕,在死伤惨重的交战后去掩埋尸体。直到第369步兵团转由法军指挥,他们的处境才有所改变。法国人很早就从他们的非洲殖民地征召士兵,因此经验丰富。对于把黑人士兵彻底武装起来并投入最前线,他们可不会有半点犹疑。很快,这些来自哈莱姆区的黑人士兵就表明他们一点也不比他们的白人战友逊色。他们勇猛善斗,德国人闻之丧胆,不无敬意地称他们为"哈莱姆地狱战士"。其中好些人更是成了传奇人物。

士兵亨利·约翰逊(Henry Johnson)就是第369步兵团最出

名的斗士。这个个头矮小的男人战前是纽约州奥尔巴尼火车站的一名搬运工。在新兵训练期间以及投入战场的第一个月里，约翰逊能引起别人注意的最多不过是他的碎嘴。然而后来的一个晚上，他的表现着实令人刮目相看。当时，他和另一位战友负责把守的前线瞭望哨被一支德国突击队发现，并遭到猛攻。战友在一开始就受了伤，于是约翰逊只能靠自己了。他决心不惜一切代价守住岗位，挽救同伴的性命。他先是用步枪和手榴弹，然后拨出了手枪，最后是刺刀肉搏。就这样，他造成了超过20名德军的伤亡，打得他们抱头鼠窜。约翰逊为此遍体鳞伤，也因而成为美国的第一位黑人战争英雄，甚至连《星期六晚邮报》也报道了这位"黑色死神战士"（Black Death）的英勇事迹。

哈莱姆地狱战士中，另一位享有盛名的士兵是军乐队的灵魂领队，黑人军官詹姆斯·里斯·欧罗巴（James Reese Europe）。战前，他是纽约风靡一时的拉格泰姆乐团"社团乐队"的首席领班。他改编进行曲、舞曲和流行歌曲，加入节奏激昂欢快的切分音。"社团乐队"属于当时率先使用萨克斯风的乐队，他们演奏当时为清高的中产阶级所蔑视的狐步舞曲，在哈莱姆区的夜总会引起轰动。作为首批涌现的黑人音乐家之一，詹姆斯·里斯·欧罗巴为唱片业巨头美国无线电公司录制了唱片。一战时，这位乐团领队应征入伍，成为首批有中尉军衔的黑人之一。他组成了成员超过40人的军乐队。刚抵达法国的布列斯特，他们便演奏了爵士版本的《马赛曲》，码头上的法国听众听得额头都渗出了汗。在前线待了5个月，詹姆斯·里斯·欧罗巴见识了壕沟战令人深恶痛绝的一面［他为此创作了拉格泰姆乐曲《无人区的巡逻》(On Patrol in No Man's Land)］，这时军方领导做出结论，这 40 多位黑人和波多黎各士兵放在壕沟里太浪费了，爵士乐可以为战争做出更多的贡献。于是，哈莱姆地狱战士的军乐队前往巴黎。他们在剧院、音乐厅、公园和医院的演奏持续数月，在法国人中间引起了巨大反响。此前，巴黎人从未听过爵士乐。拉格泰姆乐曲的跳跃、弱拍节奏和切分音，蓝调音阶和滑奏，以及欢快的萨克斯风和重鼻音的小号，无不让听众兴奋异常。他们在黑暗中登场，开始不合节拍的演奏和即兴独奏；乐手的身体随着节奏放松，眼睛半张半闭，手臂和大腿随着节拍摆动，随心所欲地扭动肩膀，所有这些都让台下的听众心醉神迷。它是一种新生活方式的表达，是 20 世纪新时代开始的象征，是除了机关枪、潜艇和坦克之外另一种振奋人心的现代发明。

1918 年 11 月 11 日那天，不眠不休地战斗了 191 天的哈莱姆地狱战士们正待在孚日的营地里修整。欧洲中部时间 11 点，战争正式结束了，亚瑟·利特尔形容道，那一刻他的内心洋溢着满足感。一位法国译员路过造访美国战友，带来了两瓶香槟。大伙儿举杯祝酒，心情轻松，但没有肆意放纵。正如利特尔在其回忆录中提到的，这里并没有发生像纽约、伦敦和巴黎那样突然爆发的"狂欢"。停战来得更为平静和清醒。作为指挥官，利特尔一直以来所承担的重任一下子被卸下了。哈莱姆战士们饶有兴致地观赏阿尔萨斯的居民穿着民族服装涌上街头，痛饮雷司令葡萄酒来庆祝他们脱离德国的统治。海伍德上校准确地总结了每个人在此刻的感受:"基督诞生的那一天是世界历史上最伟大的日子;今天则仅次于它。"

与此相反,在这"第二伟大的日子"里,待在柏林老家的凯绥·珂勒惠支(Käthe Kollwitz)获知了贡比涅森林的谈判结果,并在日记里记下了当时的情况。珂勒惠支出生在柯尼斯堡,父亲是一名石匠。身为著名雕塑家和画家的她,当时已51岁,丈夫卡尔·珂勒惠支是一位医生,夫妇俩住在柏林的普伦茨劳贝格区。她有着浑圆的脸颊,头发总梳得平整且绑着发髻,这一天,她震惊地在报纸上读到"糟糕透顶的停战条件"。当天晚上,巴黎、纽约和伦敦的狂欢还不曾结束,柏林街头却是"死一般的寂静"。忧心忡忡的人们闭门不出。空荡荡的街上回响着此起彼伏的枪声。

1918年11月11日11点,在驻扎地,协约国军官哈里·S.杜鲁门懒洋洋地靠坐在椅上,咧嘴笑着,吃着蓝莓蛋糕。然而,当他的法国战友互相递着酒瓶、大声欢唱的时候,杜鲁门却感到一丝惆怅,尽管他大可对这场战争的结果以及自己的表现感到满意。他给他亲爱的贝丝写信说:"你知道,对我来说,我已实现了自战争开始以来的最大抱负:带领我的部队挺过战争,不失一人。"但他建立彪炳战功的雄心远未得到满足。杜鲁门打小便熟读荷马作品和拿破仑回忆录。他一直梦想着去西点军校就读,然后凭借自己的成就让法国皇帝相形失色。仅凭这场战争中的成绩,还远称不上实现他少年时的梦想:"我的成就到头就只是个百夫长,这离恺撒的丰功伟业实在差得太远了。现在的我就是个无名小卒。"杜鲁门愈发清楚,战争结束了,自己再无晋升希望,他有点自暴自弃:"同时,我大概能预感到未来的我既不会大富大贵,也不至于落魄到沦落街头。但我相信这差不多也就是一个人所能达到的最令人满意的状态吧。"也许,他发着牢骚说,停战后他至少能去某个德国城市充当占领军军官。回到美国后,他或许还能在国会军事事务委员会谋个差事。

弗吉尼亚·伍尔夫(Virginia Woolf)早就知道战争要结束了。1918年10月15日那天,赫伯特·费希尔(Herbert Fisher)来她家喝茶便带来了这一令人振奋的消息:"今天我们赢了战争。"费希尔是她的表兄,担任英国教育部长已有2年。他近水楼台,直接从英国战时内阁获得了消息,而且他已经知道——甚至比威廉二世本人要早——德国皇帝很快就会下台。

那年伍尔夫36岁,她的处女作小说虽然获得好评,但尚未引起读者的注意。她深恐自己不过是一个无足轻重的业余爱好者。她努力克服这样的念头,告诉自己除了写作外的"其他工作"都是在"浪费生命"。她和丈夫伦纳德住在伦敦西边宁静的小镇里士满,紧邻泰晤士河。夫妻生活融洽,尽管伍尔夫从一开始就清楚地告诉丈夫,她不能满足他的性需求。婚后没多久,他们的关系就遭遇考验,当时伍尔夫患上严重的精神疾病。她先是受到强烈的精神刺激,不停说话,接着语无伦次,陷入幻想和幻听。后来则是严重的抑郁,既不能起身,也不能说话吃饭,甚至不愿继续活着。内心坠入黑暗深渊的她,曾吞服大量安眠药,但自杀未遂。伦纳德陪着她四处求医,尽管所有医生都帮不上忙。他巨细靡遗地为她安排日常起居,保证她能规律地工作,拥有良好饮食和充足睡眠,甚至还为她记录月经的周期。

这对夫妇买下一台印刷机,希望凭借这台袖珍的手动机器创立一家文学出版社。伦纳德或许还指望,出版规律的校验工作能够摒除伍尔夫的心魔。1917年,他们首次出版的是一本收录2篇短篇小说的小书,分别出自伍尔夫〔《墙上的斑点》(The Mark on the Wall)〕和伦纳德之笔〔《三个犹太人》(Three Jews)〕。由于只有少量的铅字可供使用,他们每次排版都只排2页,印刷出来再排下2页——幸亏它只用来印短篇小说。他们也审阅其他作家的文稿,拓展出版事业,不过他们的筛选标准十分苛刻。他们拒绝了一位叫詹姆斯·乔伊斯的不知名作者,他那份叫《尤利西斯》的书稿不仅远远超出他们那架小印刷机的工作能力,稿子里俯拾即是的脏话也让他们作呕。

赫伯特的来访不具有官方意义——在职教育部长拜访知名女作家——它纯粹是家人之间的感情联系。当赫伯特来到表妹伍尔夫身边时,他已经把作为办公室政治家的自己留在唐宁街10号。那里掌握着来自世界各地的最新消息,"军事成败或多或少就取决于在那里运筹帷幄的两三位老先生"。在与伍尔夫相处时,赫伯特显得亲切随和,完全不拘礼节。尽管他的官方身份让她印象深刻。对她来说,他是她联结现实、通往真实生活的桥梁,甚至是她视为"起决定性作用"的大人物。在他滔滔不绝的论述里,世界大事是如此脉络分明,仿佛就发生在眼前!比如停战谈判的准备工作,以及劝阻福煦的复仇欲和他"最后决战"计划的必要性。听起来就像费希尔和法国元帅进行了亲密的私人谈话。他说德国人里"残暴的人"要比其他民族多,因为他们所接受的就是一整套非人化的训练,这也很有道理。通过费希尔,伍尔夫感到这天下午,自己和世界是如此接近。同时,她也不无痛苦地察觉到,生活安逸的里士满让她视野短浅,犹如井底之蛙。

仔细来说,其实世界大战并没有影响到里士满。当然,物资供不应求,家庭保姆的数量也明显缺乏。弗吉尼亚·伍尔夫去伦敦时还亲历了一次恐慌,那里满大街流传着德国齐柏林飞艇要来轰炸的说法。然而,即便德国飞机就在头顶来回飞行,里士满人也很少为此感到惊恐。

伍尔夫夫妇平常散步时,也会以一种旁观者的态度聊到和平,以及重新经历繁荣富足的人们很快就会忘了这场战争。夫妇俩都不怎么相信,里士满的居民会为英国人把德国人从专断独行的君主制中解放出来并给他们自由这事感到多高兴。通过家里订的报纸,伍尔夫完全掌握了战争最后几周的外交进展。但所有那些大字标题都没有给平素思维活跃的她留下深刻印象。难道"整件事离得太远,毫无意义"?

同样,当11月11日11点里士满响起庆祝的礼炮声时,伍尔夫夫妇也没有满怀期待。伍尔夫在她的日记里写道:"乌鸦四处盘旋,看起来就像正在举行一场半是感恩、半是与死者告别的仪式。乌云密布的一天,没有风,礼炮腾起的烟雾往东边沉落;有那么一瞬间,它显得漂浮不定,仿佛在向我们招手,显得疲惫不堪。"为了纪念这历史性的一刻,一些地方还拉响了警报。

身处这躁动不安的世界,她还怎么写作?女仆们风风火火地闯进来。"奈莉拿来了4种不同的旗子,她想挂在朝街的房间。洛蒂说我们应该做点什么,我看到她都快哭出来了。她擦亮了门环,还穿过马路去叫那些住在对面的老消防队员。上帝啊!她们只是在制造噪音。"现在甚至更让她觉得郁闷,"所有的出租车把喇叭摁得震天响,小学生满大街插旗。整个气氛就像给临死之人送终。就在此时,风琴奏起了国歌,一幅巨大的联合杰克旗[1]缓缓升起。"这就是和平。

这就是和平?隔天,伍尔夫一家搭火车前往伦敦。这多少是由于这历史性一刻所带来的冲动,但很快他们就对这一决定感到后悔:"一位穿着破烂黑羽绒服的胖女士,带着一口穷人的烂牙,非得和两个士兵握手……她已经半醉,手上还拿着一大瓶啤酒,她一定喝了不少;然后她亲吻他们。"首都满大街都是这些看起来糟糕透顶、为胜利摇旗呐喊、还喝得烂醉的人物,而伦敦的天空则用秋天的瓢泼大雨报复恣意狂欢的人群。对于这一切,伍尔夫在日记里写道,她怀念那可以疏导群众和情绪的"大人物"。"大人物"指的是她的表哥赫伯特·费希尔吗?或许不是,尽管她之前有使用这个词形容他。不过,伍尔夫抱怨说,政府根本没有为这非同寻常的日子准备好体面的庆祝形式。她不无苦恼地强调,

---

1 Union Jack,英国国旗的昵称,即常见的米字旗。

在这毫无礼法的宣泄下,可敬的市民根本没有感到喜悦——比如她——而是被所有这些令人不舒服的事弄得扫兴:拥挤的人群,不做生意的商店,还有大雨。

伦敦沸腾了,而在它地下深处——卡尔顿酒店的地下室里——阮必成(Nguyen Tat Thanh)已经洗了好几个月堆积如山的盘子。在这家位于干草市场的豪华酒店里,身着制服的服务员把楼上餐厅用过的餐具放进通往地下厨房的电梯,由胡志明和他的伙伴接手。他们把吃剩的食物残渣倒进垃圾桶,分开杯子和刀叉,放进圆木桶里仔细清洗,然后用棉布擦干擦亮。

在世界大战爆发之前,阮必成就已经离开他的家乡:当时的法国殖民地印度支那,今天的越南。此后他多半在不同的船上充当厨房帮工,游遍世界。他每天凌晨4点起床,打扫厨房,给炉灶生火。在波涛汹涌的海上,他必须从闷热、充满油烟的厨房下到冰冷的贮存舱,把当天要用的东西拿到厨房。扛煤和搬运食材的重活让他以往羸弱的身体硬实起来,然而天庭饱满、眼神深邃和嘴唇丰厚的他,看上去仍一脸秀气,极富感染力。

1917年起,阮必成逗留在伦敦,加强他的英文能力。在卡尔顿值班前后的时间里,人们都能看到他坐在海德公园,翻阅书籍和小册子。他从书中学到的不只是单词,还有理念,有些甚至能够转化为现实。一天早上他决定,再也不丢掉客人盘子里剩下的食物了,他把它们收集起来,整整齐齐地重新摆好,再送回厨房去。当受人尊敬的法国主厨奥古斯特·埃斯科菲耶(Auguste

Escoffier）质问他时，他回答说："这些东西不该丢掉，可以把它们送给穷人。"埃斯科菲耶大笑："听着，年轻人，忘掉你这些不切实际的想法吧，让我教你厨房的手艺。这样你能挣更多的钱，如何？"于是从这天起，阮必成开始在糕点部上班，学习制作精美的蛋糕。

同样在11月11日的伦敦，托马斯·E. 劳伦斯正和帝国战争博物馆馆长查尔斯·福克斯（Charles Ffoulkes），以及他们共同的老友、现为英国秘密情报局工作的艾德华·瑟洛·利兹（Edward Thurlow Leeds）吃晚餐。三人静静地坐在联合俱乐部的餐厅里。从他们的桌子望出去，可以眺望到特拉法加广场一片黑压压的狂欢群众。战争一打就是四年，三个老朋友有太多可聊的；在经历了这场现代战争以后，他们此前对中世纪武器装备的共同爱好，简直就像一种不合时宜的怪癖。

英国画家布里顿·里维尔（Briton Rivière）并没有将胜利的美好赋予他的画作《圣乔治与龙》（*St. Georg und der Drache*，1909）里的主人公：筋疲力尽的圣乔治[1]瘫倒在他死掉的坐骑旁，难道即使他战胜了恶龙，却仍为此耗尽了元神？这一身着闪亮铠甲的疲倦英雄形象，尽管创作于世界大战爆发之前，却像是以一种迷人

---

[1] 圣乔治（Sant George），基督教殉道者，因阻止罗马皇帝迫害基督信徒而被杀。相传圣乔治以十字架、利矛及腰带征服恶龙，从而使人们改信基督教。

的手法预示了此时此刻。因为事实上，在这场波及全世界的战争里，无论是赢家还是输家都付出了惨痛的代价。就像是画里所象征的，1918年虽生犹死。1914年是各民族和帝国之间的相互竞争，是统治者的意气用事，最后是同盟体系的僵化运作，让整个世界陷入了战争。到了1918年，原先好高骛远的战争目标，现在只剩下胜利者的自我安慰，他们指望用战败者的破产资产来补偿自己无可弥补的损失。此外，圣乔治还可以被视为许多士兵在1918年11月11日11点那一刻状态的化身。战斗折磨他们的肉体，战争的非人道和无处不在的死亡令他们的精神过度负荷，甚至连战胜国都是苟延残喘地获胜。他们曾为将军、外交家和政治家的战略浴血奋斗，现在他们对什么都不感兴趣，只想回家获得安全和保障，把过去的事抛诸脑后。有些人根本没有心情来庆祝。

在停战之前，艾文·C. 约克就已离开炮火中的丛林。在不间断地战斗数周后，他和几个战友获得休假。他们搭上火车，前往阿尔卑斯山脚下的艾克斯莱班游玩。和法国北部满目疮痍的景色截然相反，那里有清澈的海水浴场，以及面朝布尔歇湖的白色房屋。约克和伙伴们住在舒适整洁、旗帜飘扬的阿尔比恩旅店，在山色倒映的光滑湖水中驾驶摩托艇，还被当地心怀感激的居民请去吃饭。

自从那天他几乎单枪匹马挑翻一个德国机枪据点并俘虏上百人后，这个来自田纳西的男人就更加坚信上帝在庇佑着他。他的战友对于整件事匪夷所思的经过做了合理的解释，让他成为英雄。

但对约克来说,唯一的可能是:在1918年10月8日那天,他得到了上帝的启示!自从入伍以来,约克就一直对自己的决定有所怀疑。作为一个虔诚的教徒,他参军杀人是正当的吗?幸好上帝最终听到了他的祈祷,在10月8日那天给予约克指引。从那以后,约克才卸下心头沉重的负罪感。

不过,在1918年11月11日那天,艾文·C.约克并没有纵情狂欢。他在海水浴场的田园风光中告别了第一次世界大战,在那里,所有的"死亡和毁灭"离他是如此遥远,近乎不真实。中午时分,消息从贡比涅森林的火车车厢传到小镇。"可怕的喧哗,法国人都喝得烂醉如泥,扯着嗓子嘶吼。美国人也陪他们喝,所有人。我没怎么加入。我去了教会,给家里写信,还读了点书。这晚我没出门。毕竟我才来这里没多久,还是非常疲劳。当然我很高兴他们签署了停战协定,很高兴这一切都过去了。战斗和死亡真的够多了。我和其他美国小伙子有一样的感觉:都结束了。我们已经做好回家的准备。他们在停战协定上签字时,他们就是在做正确的事。"艾克斯莱班的庆祝持续了好几天,然而约克远离这一切。他迫切需要把战争最后几个星期的经历和场景记录下来,容不得自我放纵。

1918年11月11日,路易丝·韦斯隔了好一段时间才为好奇心所征服,这位出版人走下楼,想亲自感受巴黎人的"胜利呐喊"。一来到街上,她就为那些"充满喜悦和仇恨的喊叫"所吸引。目光所及,是高举着成千上万幅法国和美国国旗的人山人海。士兵们被人群扛在肩上穿行。这是由军乐、缴获的武器、亲吻和欢愉之舞组成的极度狂喜，一旁还站着身穿丧服的女人。这一切让路易丝觉得厌恶，不，应该是更糟糕的感觉：愚蠢。尽管她渴望胜利，但满是敌意的狂欢，及奉屠杀为圣事的态度，在她看来是如此的野蛮。

路易丝·韦斯躲到一间咖啡馆里。一小群狂欢的人旋风般冲进来。他们簇拥着一位士兵，他被打碎的下颚和受伤的眼睛只是粗糙地包扎着。一个凑趣的人吹起猎号，香槟软木塞砰砰作响。这让路易丝·韦斯嘴里的羊角面包都咽不下去了。她感到孤独，便兴起了去找米兰的念头。

米兰！他们俩第一次见面还是战争第一年的事了。在巴黎一位女友的晚宴上，她那桌已经坐满了，这时又挤进一位肩膀壮实、已略显秃头的小个子男人。他说话带一点口音，自我介绍是米兰·什特凡尼克（Milan Štefánik）。最先吸引路易丝的，是他那双保养良好的白净双手及其对餐具的运用自如。她在宴会结束时问他："您在这儿是做什么工作的？"他用他那双清澈澄蓝的眼睛看着她，回答说："我的'工作'是波西米亚王国的独立。"她有足够的历史和地理知识，知道他应是捷克斯洛伐克独立运动的斗士。什特凡尼克本就让人印象深刻，而当她知道他逗留在巴黎是为了争取他的祖国脱离哈布斯堡帝国时，更是为他所吸引。她立马爱上了米兰以及他的事业。这是一段不寻常的恋爱关系，在她日后的回忆录里，路易丝将它称为"在一种非人道的禁欲主义氛围中的完美精神契合"。路易丝在第一次见面时就知道，她会追随这个男人，并全力支持他的斗争。

1918年11月，就在路易丝纠结地困坐在巴黎的咖啡馆时，米兰还在西伯利亚介于伊尔库茨克和符拉迪沃斯托克之间的某个地方，消磨在西伯利亚大铁路沿线的战斗中。那时，约有5万名捷克士兵正沿着西伯利亚大铁路撤退，他们是由捷克侨民和战俘组成的捷克斯洛伐克军团，一开始属于协约国阵营，主要为俄罗斯作战。但十月革命和俄国退出战争改变了他们的处境。捷克军团制订了大胆的计划，他们要横穿亚洲大陆直抵中国，再横跨太平洋和美国回到欧洲，以便与协约国部队接头。然而，西伯利亚天气酷寒，又充满无法预见的骚乱。日渐站在布尔什维克对立面的捷克人，从来不能确定他们碰上的俄罗斯军队是不是与自己同一阵营。捷克军团各部彼此距离太远，通信设备也失灵，许多费时数周才抵达太平洋沿岸的部队，不得不掉头回去协助他们仍然深陷内地的战友。据说在载着捷克军团的列车中，有好几个车厢装满了从布尔什维克手上夺来的黄金。沿线的厮杀让鲜血染红了一个又一个车站。米兰·什特凡尼克就在其中。她何时才能再见到他呢？

睁开眼睛，马琳娜·于洛娃看见的是灰色的墙壁。她花了很长时间才回忆起此前的场景：喀山，医院，征兵，吼叫的红军战士。好消息是她还活着，但她显然身陷囹圄。一张木板床，肮脏的秸秆，一个炉子，一扇极小的铁栅栏窗和铁门——这就是她在这个空气污浊、几乎不透光的牢房里所能辨识出来的全部东西。又一次的晕厥让她无需认清自己糟糕的处境。直到钥匙插进门锁发出响声，她才恢复了意识。一个面无血色的侏儒端着一盏石蜡灯进来。他命令她起立，把两碗东西放在木板床上，什么也没说就关上了门。其中一碗是酸菜和烤过的土豆皮，上面长出的芽就像灰色的蠕虫。另一碗装满臭烘烘的水。还有一块硬邦邦的黑面包。马琳娜不知道自己多久没吃东西了，但这些食物她连碰都不想碰。

时间一点一点过去。是几个小时，还是几天？意识模糊的她，被一阵密集的刺耳枪声惊醒。然后她听见大声的命令，又一次齐射，还有临死之人的哀号。毫无疑问，监狱的院子里正在处决犯人。难道在喀山这里，终结的不只是战争，还包括她的人生？监狱看守沉默寡言且面无表情，她从他们脸上无法猜出自己的命运。无论如何，马琳娜勉强安慰自己，他们总算还按时给她牢房送吃的，以及盛便溺的罐子。

一段时间以后，处决的枪声停止了。整座大楼一点声音也没有。难道她是这里唯一的活人吗？他们把她给忘了？隔着铁窗，她能看见一小块天空，现在应该刚过中午，这时突然又爆发了巨响。剧烈的爆炸使整栋房子都为之震动。浓烟从牢门的缝隙钻进来，马琳娜可以从那一小块窗洞里瞥见火焰。威力如此之大，一定是受到了大炮的攻击。它持续了好几个小时，直到隔天早上左右，炮火的闷响才变为步枪的射击。

钥匙插进她牢房的门锁，转动，马琳娜的心都跳到嗓子眼了。"你，角落的家伙，你是谁？"一个声音问。她的第一反应是，这不是俄罗斯口音。一个士兵走进来，他穿的也不是俄罗斯士兵的制服。"我是哥萨克人，"她用微弱的声音说，"来自高加索。""跟我来吧！"陌生人命令道。于是她走进监狱大院，沐浴在阳光中，那里守候着更多的士兵,还有形容枯槁的男女犯人,刚从暗无天日的牢房步入尚未习惯的光明。那些士兵用不流利的俄语向他们解释,让马琳娜弄明白了事情的经过:解放他们的是捷克人,之前与俄罗斯人一起对抗过奥匈帝国,现在则隶属于效忠沙皇的"白军"。他们在弗拉基米尔·卡普佩尔(Vladimir Kappel)的率领下占领喀山,并解放了当地布尔什维克所关押的犯人。这一次,哥萨克人的身份对马琳娜有利。"你们可以去任何想去的地方。"捷克士兵说。曾经的阶下囚不会等他们再说第二遍。他们匆匆涌向大门,消失在门口围观的群众中。马琳娜没有走,站在那里犹豫不决。"你想跟我们走吗?"捷克人问。她点点头,跟上他们。她还有哪里可去?在布尔什维克的新俄罗斯里,她的祖国已不复存在。没有什么选择的她,再次成为士兵,接受指挥官的分配去看守弹药厂。夕阳的余晖照射着喀山远处的尖圆顶建筑,马琳娜躺在临时营房的地板上,逐渐进入梦乡。

  醒来时,她听见枪声。又开打了。布尔什维克发起了反攻。马琳娜拿到枪,被分配了任务。她听着敌人的动静,开枪,对方也朝她开火。一颗子弹射进她的肩膀,她再次进了医院。白军在喀山的行动失败了,在敌人到来之前,马琳娜不得不尽快离开她的病床。数千名难民或步行或乘车逃离这座城市,马琳娜加入他们,沿着主街朝看上去一望无际的平原涌去。红军从空中轰炸他们。据说车里雅宾斯克有火车站,然而它几乎远在千里之外。马琳娜的胳膊失去知觉,她随身带的口粮也早就吃完了。最后是一辆卡车把马琳娜和一小群捷克士兵载到了车里雅宾斯克,那里是西伯利亚大铁路的西边起点。捷克人用枪托把一节行李车厢的普通乘客赶下车。距离列车开动似乎遥遥无期。但车轮终究还是滚动起来，一路向东，奔向西伯利亚。在他们前方，是超过7000公里的漫长轨道。

11月11日11点，就在西线停火的同一时刻，马蒂亚斯·埃茨贝格尔与德国代表团重新登上向北驶去的火车。就在一个半小时以前，文件准备妥当的停战协约刚刚交到他手中。车厢的窗户遮上了。关于谈判结果的消息传得很快，人们聚集在火车站向他们欢呼，但也有谩骂。埃茨贝格尔一行人回到泰尔尼耶，他们将在此待到夜幕降临，然后换乘德国专车。他们在凌晨2点抵达前线地区，那里现在已经停火，可以毫发无损地通过。

12日早上9点，埃茨贝格尔回到斯帕的德军总参谋部。那里情况已大为改观。这个被德军占领的比利时温泉小镇，现在成立了工人和士兵委员会，他们打算逮捕最高陆军指挥部的将军们。军官们被扯下肩章，驻扎在此的士兵也不再向他们的长官敬礼。埃茨贝格尔很快就发现，他在贡比涅收到的荒唐消息原来是事实：11月12日的德国不再是他5天前离开时的那个国家。皇帝已流亡国外，革命一触即发。抵达斯帕没多久，埃茨贝格尔和军需总监威廉·格勒纳（Wilhelm Gröner）会了面。格勒纳表扬他在贡比涅的谈判成就。陆军元帅冯·兴登堡（von Hindenburg）也借此机会，感谢埃茨贝格尔为祖国做了"价值非同寻常的贡献"。

晚些时候，埃茨贝格尔接待了2位工人委员会代表，他们来自汉诺威，正要前往布鲁塞尔去"发起世界革命"。为此，2位革命人士特意征用了一个火车头。他们以为福煦元帅已被枪杀，战争结束了。埃茨贝格尔告诉他们，几个小时前他才见过福煦，而革命者和保皇党在布鲁塞尔的冲突还在继续。2位革命代表很是失望。不过他们仍然感谢埃茨贝格尔，并和他达成协议，3人坐上征收来的火车，一起前往德意志帝国的首都。起义者和谈判代表共享一段旅程，最终的目标却南辕北辙：2位工人代表想要在柏林拥护卡尔·李卜克内西（Karl Liebknecht）[1]成为新总理，而埃茨贝格尔只是想近距离观察柏林的局势：他以德意志帝国的名义所达成的停战，还有由他签署的文件，是否还有价值？

天涯共此时——由代表们在协约上所指定的停战时间，在生效的一瞬间似乎同步了数百万人的人生。然而他们的经历是如此不同：有人相拥欢呼，有人对未来全然绝望。许多地方战争仍然持续，那里的人甚至不知道一份历史性的文件已经在贡比涅签署。天涯共此时——惊人的共时性和多重视角促成了1918年11月11日的世界性一刻，在此之后，历史又分裂成无数步调各异的个体叙述。

11月17日凌晨4点，哈莱姆地狱战士接到命令，要他们从孚日拔营，向东行军。亚瑟·利特尔后来回忆道，撤出战壕并朝德国前线行进是一种奇特的感觉：那里真的不再有敌军的炮火了吗？利特尔来到集合地点，时间还早，他冷得瑟瑟发抖。一个联络官不得不提醒他，现在战争已经结束，可以生火了。于是他们沉默

---

[1] 卡尔·李卜克内西，德国马克思主义政治家，德国共产党创始人之一。

地等待着，双手就着炭火，直到部队开拔。他们先是穿过无人区，然后是被德军抛弃的战壕和阵地。"从哈莱姆到莱茵"的行军，已经进入最后阶段。

地狱战士们陆续经过一些人去楼空、受损较小的小镇，它们在不久前还是德军的驻扎地。夜里短暂休息后，他们继续向东前进。11月18日，部队抵达昂西塞姆，那里是他们在经历了战争的非人待遇后首次回到人间的地方。居民为美军的到来做了准备。房子插满了旗帜，窗户上贴着威尔逊总统的照片。少女们穿上绣有花纹的阿尔萨斯传统服饰，扎着漂亮的辫子，往大街上撒花。美国大兵踩在花毯上进入这座城市，有些士兵得到了好几个月来的第一个吻。大街上挂满横幅，上面写着"共和国万岁！"或"上帝赐福威尔逊总统！"。

离开昂西塞姆后，利特尔来到巴尔戈小镇驻扎。隔天早上他醒来，发现一大群本地人在营地门口排起长队。"他们想干嘛？"他问勤务兵。"许可证，长官！"利特尔赶紧开辟一个办公室来处理他们的需求。他惊讶地发现，阿尔萨斯人明显已习惯于德国的行事方式。他们以为现在去放牧牛群、去隔壁镇子赶集或去扫墓仍然需要官方的许可。利特尔这时是此地的最高长官，他让小镇的街头宣告员在11月20日那天去传达一份声明，允诺与当地居民"保持友好关系"并"提供保护"。如此，大排长龙的情况才有所好转。老百姓纷纷把在德国统治时期所藏匿起来的银器和货物重新拿出来。

也就在11月20日，利特尔收到一份盖有"紧急"戳记的命令。当他读到里头的指示时，他的心顿时狂跳起来。一位叫勒布克的法国将军给了这些美国黑人士兵一个机会，他们有望成为第一支挺进莱茵河的部队。命令上拟定的是"立即执行"。利特尔立刻行动起来。他从信任的部属里挑选人员组成一支侦查队，连晚饭都没吃就跳上马往附近的莱茵河小镇南布桑飞驰而去。这一小支队伍纵马进入沿岸森林，直奔莱茵河——它很快就将重新成为法国的东部边界。他们向一群阿尔萨斯的伐木工人问路，然而对方警告他们，现在莱茵河沿岸还有正搭乘渡船撤离的德国人。双方很有可能爆发冲突。不过，利特尔可不愿放弃现在的优势。再说，命令要求的是"立即执行"。他强令部队继续前进。没过多久，前方的树林变得豁然开朗，"莱茵河景色壮观的奔腾河水"就在眼前。他们跳下马，纷纷握手祝贺。利特尔为这历史性时刻而感到激动，当场发表了一小通即兴演说。抵达莱茵河的感觉让他回忆起那些伟大的地理发现：这一刻的自己堪比德·索托、德雷克、弗罗比舍[1]甚至哥伦布。他下令在此设置一个岗哨。

直到这时，这些美国人才注意到对岸仍有一些德国残军，正沿着莱茵河往德国方向撤离。几个小时以后他们得知，另一支美军黑人部队已先于他们抵达莱茵河。因此，勒布克将军后来所夸耀的"莱茵河畔的黑色岗哨"，表扬的是另一支黑人部队的海伍德上校，而非利特尔少校。

---

1 分别指西班牙航海家埃尔南多·德·索托（Hernando de Soto，1495—1542），曾率领了首支欧洲探险队深入北美大陆探索；英国航海家弗朗西斯·德雷克爵士（Sir Francis Drake，1540—1596），据说在麦哲伦之后完成了环球航海行动；英国航海家马丁·弗罗比舍（Martin Frobisher，1535—1594），曾为探索自大西洋到太平洋的西北通道进行了三次探险航行。

3个星期后的1918年12月13日,在米卢斯以北16公里的明希豪森的平原上举行了一场盛大仪式。法美联合部队全员集结,共1万名士兵傲然挺立在这个空气清新的和煦冬日中。在低沉的阳光覆盖平原之际,军乐奏响,仪式开始。勒布克将军身穿蓝色军装,横跨在一匹奶白色的骏马上。他昂首望天,沿着排得整整齐齐的队伍纵马小跑,用法语"我亲爱的朋友"向美国军官们致意。他翻身下马,让人拿来所有队伍的军旗。利特尔也代表第369步兵团来到将军面前。将军给军旗别上英勇十字勋章,并庄严地与出列的指挥官行贴面礼。稍后,部队一一解散,给脚下的曼科桑平原带来一片震颤。

战士们步行数小时回到营地。然而在这漫长的一天里,没有人抱怨双腿的疲倦。利特尔知道原因:"将士们拼死为黑人种族争取荣誉;现在他们的努力获得了承认。"在法国人的指挥下,这些来自纽约哈莱姆区的士兵得以证明,他们能完成比卸船、挖战壕和埋死人更好的工作。现在,从哈莱姆到莱茵的长征结束,他们即将踏上归途。美国会以他们被派往欧洲时所缺失的荣誉欢迎他们回家吗?那些在战争中牺牲的黑人士兵,是否会在和平到来后获得补偿?

1918年11月21日,协约国军队开进阿尔萨斯地区最大的城市,斯特拉斯堡。当时那里爆发了多次游行、打砸抢和革命骚动,而军队的到来结束了该地的混乱状态。11月26日,费迪南·福煦视察斯特拉斯堡。他骑马到来,向克莱贝尔将军(Jean-Baptiste

Kléber）的雕像行礼。福煕右手的佩剑正是这位法国大革命时期英雄的遗物之一。对法国人来说，这一天标志着自 1871 年败于普鲁士后就在他们心头灼烧的屈辱终于一扫而空。当时德意志帝国吞并了阿尔萨斯和洛林，把它们变成了"帝国直辖领地"。现在，协约国的胜利让这块莱茵河西岸领地重回法国怀抱。

几天后，路易丝·韦斯也来到斯特拉斯堡。她和家人一起进行了一次怀旧之旅。她父母都来自阿尔萨斯，"（阿尔萨斯-洛林的）回归"可是这对夫妇的心头大事。他们给阿尔萨斯的亲戚带了许多食物，还有肥皂、衣料和蜡烛，车上装得满满的，几乎都坐不下人。路易丝还穿上了阿尔萨斯的传统服饰——衬衫、围裙、宽腰带和戴在头上的大蝴蝶结——这些衣饰的主人是父亲昔日的奶妈格雷特。1871 年德国人围攻斯特拉斯堡时，格雷特穿的就是这身衣服。当时路易丝的父亲还是孩子，格雷特把他放到小篮子里穿过敌军的包围，才让他免于饿死。

他们来到孚日山脉中部，此前这里是法国和阿尔萨斯的边界。这时父亲要求停车。他走下车，弯腰捡起故乡土地的石头，往每个孩子手中都塞了一块。然后他们围成一圈，严肃地静默着，同时跺着脚取暖。父亲决定绕道翻过哈特玛尼斯威尔库夫山（Hartmannswillerkopf），当时为了争夺这座山头的控制权，有 3 万名德法士兵在此丧生。当他们抵达那里时，太阳已经落山。沉沉暮霭中，人们勉强还能辨识的只有被战火摧毁的杉树林，以及随风飘零的残余帐篷和铁丝网碎片落在了被掘开的地面上。

到了斯特拉斯堡，路易丝一家受到亲友们的贴面礼欢迎。他们共同造访了昔日的老地方：诺布鲁大街上父亲出生的房子，还有大教堂。像小时候一样，路易丝把脸贴在这座古老哥特建筑冰冷的石头墙面上，随着它向上延伸的线条望向塔顶，直到天边。

在抵达斯特拉斯堡的那天午后，路易丝·韦斯受邀参加阿尔萨斯解放的官方庆祝活动。她从事新闻出版后已拥有了一定知名度。看台设在共和国广场，她的位置就在法国总统雷蒙·普恩加莱（Raymond Poincaré）和总理乔治·克里孟梭身后几排。一场漫长的游行庆祝就此展开。部队"兴奋得犹如醉酒般"，手持出鞘军刀走过看台，"非常近，人们会以为他们想凑过来说话"。在士兵身后是来自阿尔萨斯各地的代表，他们穿着地方传统服饰，高举旗帜在号角声中行进——不，他们不是齐步前进，而是跳着舞着，怀着满心的自豪和喜悦。黑红镶边的彩色大蝴蝶结和金色针织帽在阳光下分外耀眼。总统流下泪来，"老虎"[1]则感慨万分，不得不闭上眼睛。这场游行持续了数小时，在路易丝看来，和巴黎的胜利庆祝完全不同，它充满着力量，如"大河奔流"，如"滚滚熔岩"。然而，她扪心自问，这样的胜利，值得用200万法国人的性命来换取吗？

这一疑问，在几个月后路易丝一家前往法国北部的阿拉斯旅行时再次浮现。那里是路易丝的出生地，对她父母来说，这也是一次朝圣之旅：他们将拜访承载家族历史之地，回溯以往的幸福

---

[1] 即克里孟梭，他因言论立场激进、强硬而获得此绰号。

记忆。然而这座景色秀丽的小镇现已沦为废墟。大教堂、火车站以及路易丝出生的房子都被夷为平地。路易丝从一堆碎石断木中抽出一块榴弹碎片。这里原是她家,而这块碎片就躺在她昔日摇篮所在的地方。

一条坑坑洼洼的道路从阿拉斯通往城外的交战之地,那里举目所及,皆为战火破坏殆尽。锈蚀的炮筒依然对准天空,植被在烂泥浆中腐烂,到处是废弃的钢铁和纠缠的铁丝网,上面爬满了杂草。附近小山的芬芳原野直抵天边,却布满制作粗糙、千篇一律的灰色十字架。在它们脚下展开的,是一片虞美人花组成的鲜红花毯:红得"像血?像旗帜?它们是激情的号召,还是无声的谴责?"路易丝感到,已成废墟的阿拉斯、漫山遍野的坟墓还有触目惊心的虞美人花,让她比以往任何时刻都和她的祖国更加亲近。面对这些景象,路易丝·韦斯,这位《新欧洲》创办人、世界公民和民族解放人士,顿时发自内心地觉得自己仍是法国人。

第三章　革命

取代一个真实的、土生土长的民族,出现了一种新型的、动荡不定地黏附于流动人群中的游牧民族,即寄生的城市居民,他们没有传统,绝对务实,没有宗教,机智灵活,不结果实,极度蔑视乡下人,尤其看不起最高级的乡下人——乡绅。这是走向无机、走向终局所跨出的巨大一步。*

——奥斯瓦尔德·斯宾格勒,《西方的没落》,1918年

昔日的伊甸园已逝
这是你,我,每个人要面对的事实。
我们必须勉强自己
再一次把铁锹拿起
再一次挖开草皮
再一次翻松土地。
再一次播种,开辟新畦田
再一次把杂草割去。
唯有我们的汗水全部流淌,
才能浇灌出一个新的天堂。

——拉塔托斯克,《未来》载于《痴儿》周刊,
1918年11月24日**

---

* 此处译文引自奥斯瓦尔德·斯宾格勒著,《西方的没落》(上),吴琼译,上海三联书店2006年版,第31页。

** 《痴儿》(*Simplicissimus*)是一本创刊于1896年的德国讽刺杂志,德国作家汉斯·埃里克·布莱希(Hans Erich Blaich, 1873—1945)曾长期化名为拉塔托斯克(Ratatöskr)在此刊物发表作品,这首《未来》(*Zukunft*)正是代表作品之一。

1918年11月10日是个星期天，当晚，数百枚信号弹在空中轰然绽放，闪光和红绿白色的星体照亮了威廉港的夜空。港口的军营也火炮齐响，伴随着城里震耳欲聋的警笛声。水兵理夏德·施通普夫（Richard Stumpf）正在忙手头的活，他吓了一跳，下意识地寻求掩蔽，这不是空袭警报，就是英军舰队来袭的警讯，否则还会是什么？随后谣言四起，有人说烟火昭示着各国共产党联合组成了第三国际，世界革命由此开启。直到很晚才证明这是子虚乌有的事。这座北海码头城市人心惶惶，不知道发生了什么，最后解开老百姓和水兵们疑惑的是一份街头传单。施通普夫拿到了一张，他读了上面的内容后愈发惊骇：这是停战协定的条款。显然，它的内容在签署之前就已泄露给媒体。他怒气冲冲地喊道："这就是那该死的战友情谊的回报！"然后，他带着满腔复杂的情绪，找了一个僻静的角落待着。

等到信号弹花火燃尽，警报声逐一平息，威廉港又恢复了沉寂。然而，理夏德·施通普夫心中悲愤难平。在他看来，用这样的条款去奴役一个有能力、有骨气的民族，简直荒谬至极。他感觉就像被人往脸上吐了唾沫。为了结束战争，威廉港的水兵和造船工人冒着生命的危险，难道这就是给他们的回报？

自 1918 年 3 月起，施通普夫在威廉港的维特尔斯巴赫号战舰上服役。这艘船停泊在港口，充当所谓的补给舰和浮动军营已有一定时日。在维特尔斯巴赫号的生活相当无趣，操练毫无意义，时间多得用不完，士兵们干起各种各样的手工活，比如制作胶鞋，这样可以打发时间，还能挣点小钱。到了 1918 年秋天，施通普夫早已对胜利不抱希望，他的晨祷词也相应改为："请主今日赐给我们和平、面包和好运气！" 10 月初以来，关于海军损失惨重的传闻越来越多，还出现"潜艇战我方折损利齿"的说法。

在这当口，施通普夫已经看到，经历了 4 年单调乏味、没有出路、又随时可能丧命的战争后，他的许多战友都变得尤其愤世嫉俗。"大多数同伴都显得满腹怨气，布尔什维克的思想扭曲了一些年轻人的脑子。"他们有足够的士气打一场军官们成天挂在嘴边的大决战吗？这"绝望的气氛"让施通普夫丧失了信念，他越来越频繁地想到毁灭——不只是海军，而是整个德意志帝国。"难道我们就只有 1870 年到 1914 年这短短数十年的历史？"

施通普夫仍然拥护现有的秩序。"这不是说我从小就被灌输着要爱霍亨索伦王朝，"不过，他在战争结束前几周仍然坚信，"我们的尊严和力量都来源于我们的帝国。"他心目中的敌人形象也是受战争宣传的影响："如果我们向海峡和大洋另一边那些冷酷无情的财阀屈服，按照他们的心愿驱逐我们的皇帝，那我任何时候都不配做个德国人。"

不过，很快就有越来越多的迹象表明，海军士兵已从沮丧走向叛变。其诱因来自战事：英美军队进攻了德国的黑尔戈兰岛；同时，协约国还透过国际媒体宣布说，德国一旦战败，必须将它所有战舰交付协约国。为了避免任人宰割，德国海军指挥部在1918年10月24日下了一道命令，要尽最后的一切努力反击对手。他们计划组织一场大决战。但协约国的优势如此明显，这道命令等于让全体海军去送死。以成千上万名士兵的性命为代价，所换回的除了少数官员僵化的荣誉感，还能有什么？10月27日，当驻扎在波罗的海的部队准备启程时，基尔和威廉港发生了兵变。一开始，是几艘船上的司炉兵擅离职守，或是把远洋巨舰巨大的蒸汽锅炉弄熄。其他船只的士兵和工人也在岸上逗留，没有服从命令准时登船。更糟糕的是，当时波罗的海为浓雾笼罩，所有的起锚命令都显得愚蠢至极。

理夏德·施通普夫感到"非常悲哀，事情竟然发展到这样的程度"。不过这悲伤中又混杂着幸灾乐祸："那些不可一世的船长和海军工程师不是万能的吗？司炉和水手多年来被当作狗一样羞辱，他们现在终于明白，没有自己才是真正什么也干不了。"图灵根号战舰的水兵甚至拘捕了他们的军官。没人想要白白送死。舰队指挥官下令包围叛变船只，威胁炮轰他们。300名叛变士兵被捕。但图灵根号也因此没能赶上最后的海战。

11月7日，继基尔发生流血事件后，威廉港的零星叛乱骤然演变成一场公开起义。水兵集体离开他们的船只，上岸参加游行示威。理夏德·施通普夫也穿上礼服,跟随起义的战友穿过舷梯进入港口。港口兵营的操场上已聚集了不少人,并搭起一个临时讲台。人越来越多,在他们掌声的鼓舞下,台上的诉求也越来越激进。在施通普夫看来,现在如果有人高喊吊死皇帝,群众也会欢呼:"万岁!"

人们不约而同行动起来。为了让队伍维持起码的秩序,军乐队开始演奏进行曲。音乐声引来越来越多的水兵加入游行。对他们来说,对长官的服从已经不复存在,现在他们服从的是"乌合之众的本性"。海军营门口站着一位上了年纪的上尉,他手里拿着左轮手枪,枪口对准第一个想进门的水兵。但他的双手很快被牢牢扭住,水兵夺走了他的武器,还扯下他的肩章。巨大的欢呼声响起,施通普夫却对这位尽忠职守的长官感到由衷敬佩。

游行还算有序,但队伍越往前移动,情绪就越亢奋。有人圈起手指吹口哨,还有人对妇女说些不干不净的话。第一面红旗很快升起。不过,施通普夫可不觉得"跟在这块抹布后面"游行是什么光彩的事。

时至中午,参加游行的人开始感到饥肠辘辘。这时,一位演讲者当众宣读起海军上将克罗西克(Günther von Krosigk)的公告,人们便一下子安静下来。公告称,基尔士兵委员会所争取来的权利,威廉港也应享有,包括废除对水兵的信件审查,保障水兵的言论自由,以及承诺全体士兵在值班以外的时间不再受长官管束。对此大伙儿报以热烈的欢呼。接着一位造船工人发表讲话,以高八度的声音要求立刻成立苏维埃共和国。他也得到稀稀落落的掌声。最后,有人建议说,既然所有的要求都得到满足,水兵们现在可以回到各自的岗位去了。现场一阵哄笑!

不过,水兵还是和工人分开行动。前者没有回去工作,而是涌到可以弄到午饭的地方。"这场革命没有流血就取得胜利。"施通普夫用了一个德国人数十年来为之不安和恐惧的字眼:革命。当然,威廉港的革命并不是考茨基(Karl Kautsky)和倍倍尔(August Bebel)[1] 所预测的那种伟大胜利。事实上,这个北海港口也无法和充满革命气氛的圣彼得堡相提并论。施通普夫觉得取得胜利的并非无产阶级,而是些细枝末节的不满、愚蠢的行为、普遍的不确定性和担忧。他所见证的这场革命并不令他感到愉快,但他无法否认的是,他没有置身事外,它改变了他。他就像是一个不情愿的革命者,违背自己的真实感受,如同形势下的牺牲品,被时代潮流所裹挟:"这才两天时间我就老了许多,在这期间,我内心深处起了我本来认为根本不可能发生的变化。从君主制的拥护者变为共和主义的信徒——不,我的心啊——我再也不能说我懂你。"德国革命需要的是意志更加坚定的支持者,他们不只要剥夺霍亨索伦家族的皇冠,还要有热情和信念将一种新秩序付诸实现。

每次列车在损毁的铁轨上磕磕碰碰,马琳娜·于洛娃就感到受伤的肩膀阵阵刺痛。疲惫的她和其他伤兵躺在车厢里,从乌拉

---

[1] 两人均为德国社会民主党领袖,曾和另一位马克思主义者爱德华·伯恩施坦共同起草了宣告资本主义即将灭亡的《埃尔福特纲领》。

尔山脉边的车里雅宾斯克驶向西伯利亚平原。窗外是延伸至地平线的大片针叶林,景色一成不变,仿佛列车不曾前进。最难捱的是夜里,这个空气污浊的车厢充满受伤男人们的鼾声和呻吟,列车行驶的巨响,还有伤口渗血所造成的脏污和难闻气味。她的新战友是那些捷克斯洛伐克士兵,他们把马琳娜从喀山的牢房里解救出来,还劫持了一辆拥有巨型牵引车头和 16 个车厢的火车。车上所载的大多是平民,而捷克士兵有枪,所以他们有权决定谁能上车、谁必须下车,以及没收任何人的随身口粮。

即使在西伯利亚这个人迹罕至、距离圣彼得堡和莫斯科数千里之遥的地方,也发生了布尔什维克和白军之间的对抗。当列车在一个不过是一个简陋小木屋的极小火车站停靠时,马丽娜看到一群杀气腾腾的人。他们有男有女,手拿步枪、锄头、铁铲和刀,抓住了两名准备动身前往东部的布尔什维克宣传员。"杀死布尔什维克佬!"人们大声吆喝着。被俘虏的两人中有一人是位身材魁梧的金发水手,他似乎对周围的叫嚣完全无动于衷,只是两手插在口袋里,看着人们在火车站给他搭绞架。当处决他的吊索准备就绪,他不慌不忙地走过去查看,然后自己把绳索套在脖子上。人们安静了下来。那些自告奋勇担当刽子手的人也愣住了,水手朝他们喊道:"怎么着?你们还不动手?"其中几个回过神来,猛地拉起绳索。只见男人庞大的身躯吊在空中,双脚在离地面只有几厘米的地方抽搐,似乎想找一个着力点。他用手紧紧抓着脖子上的绳套,直到停止挣扎。至于另一个俘虏的表现,在马琳娜看来,完全就是一个布尔什维克犹太人会有的反应:他跪倒在刽子手面前，抱住他们的脚乞求饶命。正如马琳娜及当时许多反革命人士和反犹主义者惯有的偏见：他们坚信革命是犹太人的阴谋，在俄罗斯之后，这些犹太人还意图染指全世界，而革命的种种恶行说到底就是犹太人的劣根性所致。就这点来说，马琳娜一点也不同情他们，相反，当她看到这两个男人很快就一动也不动地吊在绳索上，她说不定相当满意。火车在这个小站停靠了一整天，两具尸体在马琳娜车厢窗外随风摇荡——它们象征着内战，象征着俄罗斯革命后的反革命暴力。

这年11月，威廉皇储没有一天睡个安稳觉。他脑海中思绪纠结，想着自己、霍亨索伦王朝以及德意志帝国的未来。皇储从小就习惯别人为他规划好一切，现在他有能力独自拿主意吗？是否他当家作主的时刻已然来临？自少年时代以来，他所受的一切教育都是为此做准备，然而这一刻却总是显得遥不可及。

11月7日那天，威廉皇储亲眼见证了新时代到来的征兆。他去视察部队，在路过济韦附近时遇见一辆被士兵们征用的火车。这是他头一回看见革命的象征：红旗。破损的车厢窗户传出骚乱者的口号："关灯！拔刀！"

威廉吩咐他的司机停下。他大声命令这些士兵下车。于是，几百名仪容不整的士兵在他身前列队。站在他面前的，是一个"身材高大的巴伐利亚士官，态度随便，双手插在裤兜里，标准的不服从的典型"。威廉挺直了背，以一种他自青年时期就练熟的训话口吻呵斥此人："给我站好了！"他吼着，"拿出一个德国士兵该有的样子。"出于一种习惯性的的条件反射,这位巴伐利亚军士赶紧直视前方,双手紧贴裤缝。队伍瞬间恢复了纪律,一个拥有铁十字勋章的年轻士兵甚至为伙伴们道歉。他说,路上他们已经3天没吃没喝了。"我们真的非常爱戴您……请您别怪罪我们。"深受感动的皇储请这些差一点就叛变的士兵抽烟。

隔天,威廉收到他父亲的命令赶赴斯帕。在蒙蒙大雾中,他穿过了为战火所毁灭的法国北部田野。11月9日中午之前,他抵达斯帕城外的福海讷斯别墅。它是在战争爆发前几年,由一位工业家命人仿凡尔赛宫的小特里亚农宫所修建。在那里,威廉遇见了他的"领导"冯·舒伦堡伯爵,后者"面无血色,明显甚为不安"。伯爵三言两语向皇储做了简单概述:当天一早在福海讷斯别墅举行了会谈,主要报告人是军需总监威廉·格勒纳,他进入总参谋部不久,是兴登堡那边的人。格勒纳不是皇帝的嫡系大臣,他谈及君主制时所用的口吻,也绝对不可能像他的前任埃里希·冯·鲁登道夫(Erich Von Ludendorff)。稍早,为停战局势所迫的鲁登道夫已换装逃亡至瑞典。格勒纳毫无保留地指出当前德意志军队和帝国所面临的严峻形势,柏林的气氛已是一触即发,"随时可能爆发冲突,让这座城市血流成河"。不可能指望前线军队赶来镇压革命、保卫首都。格勒纳没说,但他的阐述只能让人得出一个结论:要防止革命蔓延,皇帝必须向来自国外和街头的压力屈服。

威廉二世大为震动,但他只是默默听完格勒纳的报告。舒伦堡接着发言,试图指出一个较为乐观的解决办法。他主张在前线拖延时间，好让军队保持战斗力。革命的火苗需要相应的武装力量来扑灭。但格勒纳坚持己见。他补充了另一个令人震惊的最新事实：即使威廉二世命令军队开往柏林，他们也不会服从。德国军队，包括德国军官团，已不再支持皇帝。威廉二世要求他拿出证据。除非军官们白纸黑字地声明不再效忠他，否则他绝不承认失败。然而此时，从柏林发来的最新消息证实了格勒纳所说的一切：街头爆发流血事件，军队倒戈，面对革命的蔓延，人们已束手无策。

听完舒伦堡的报告，威廉皇储走进别墅的花园。时值秋日，老树洒下遍地枯黄，地底的甜菜也早已挖出。一群身着军装的将军簇拥着皇帝，他们"弓着腰，心事重重，仿佛无处可去般围在一起……气氛僵滞沉默"。只有皇帝还在滔滔不绝地说着。他看到儿子，便向他招手。皇储走近前来，注意到父亲心烦意乱，"一张憔悴枯黄的脸不停颤抖"。一连串话语如洪水般从皇帝的口中喷薄而出。他心灰意冷地声称，自己身为皇帝，人们却从未允许他亲临前线和他的军队同生共死，这可能给停战谈判带来负面影响，其危害太大。此刻，皇储不得不意识到，他父亲已无法掌控形势。皇储向父亲保证，霍亨索伦家族绝不放弃普鲁士的王冠。他以颤抖的声音邀请皇帝随他前往德国皇储集团军那里。德意志帝国的皇帝和皇位继承人将共同领军返回他们的国家。舒伦堡也为皇储作担保。他说大多数士兵会恪守他们入伍时的忠诚誓言——他们对皇帝和德意志祖国的庄严承诺，只要有必要，他们定会誓死追随他们的最高统帅。而格勒纳对这番慷慨陈词只是耸一耸肩："忠诚誓言？最高统帅？说到底这都是词语而已——最终空口无凭。"这一刻，标志着两种世界的碰撞：建立在忠诚和服从基础上的古老帝国，撞上了见风使舵、讲究实际的现代社会。

威廉二世现在完全面无血色了。他把目光转向兴登堡，寻求他的支持，但后者只是静静望着地面。此时此刻，站在这座比利时花园里的德意志皇帝——国家的象征，法律的化身，军队的最高统帅，帝国海军的创造者，想让德国在阳光下有一席之地的君主，一切特权和权力的享有者——已经无力回天了。他让那些将军和参谋干涉战事太久了，那本是他的工作，现在在这紧要关头，他已无力夺回身为皇帝的主动权。如果他还能做到这点，那奔着千秋万载而去的德意志帝国和德意志雄师断不会沦落到灭亡的地步。皇帝现在太虚弱、太疲惫、太混乱了，完全不同于他一生作为帝国统治者的伟大和辉煌形象。威廉二世以沙哑的声音让人给柏林的帝国首相马克西米利安·冯·巴登（Maximilian Von Baden）打电话，告诉他皇帝已经准备好退位。他强调，他放弃的只是皇帝称号。他仍是普鲁士的国王，并将以此身份率军返国。

他们回到屋里用餐，气氛犹如葬礼。甜点上过后，从柏林传来更可怕的消息，简直算是一件丑闻：首相马克西米利安·冯·巴登没有和斯帕方面做进一步的协商，便径直宣布威廉二世放弃德意志皇帝和普鲁士国王的称号，甚至说皇储也放弃了王位继承。

这一消息已由沃尔夫通讯社[1]对外发布。此外柏林还成立了新政府。自下而上的革命通过自上而下的革命实现。威廉二世非常愤怒,但却完全无能为力。

德国君主制便在此刻走向完结。皇帝没有成为悲剧英雄,也没有发表华丽的演说或摆出崇高的姿态,他的家族曾拥有数百年的统治历史,现在他自己却只能任由命运统治。他无力回天,因为战争4年来已耗尽了帝国的元气,使它濒临崩溃。他在统治上的无能暴露无遗。战败的现实让皇帝一蹶不振,他的政权黯然失色,最后一点合法性也荡然无存。顷刻之间,"国家的象征"就成了一个疲倦的老人,再也没人会在他面前颤抖。

1918年11月9日,柏林市中心涌现了大量传单。凯绥·珂勒惠支在动物园拿到《前进报》(*Vorwärts*)的一张传单,上面用巨大的字体写着"皇帝退位!"。

凯绥·珂勒惠支读着报,沿着胜利大道走到勃兰登堡门。那里已汇聚了数千人,共同朝着帝国议会的方向涌去。人群十分拥挤,珂勒惠支无法脱身,只能随着人流前进。到了镶有"为了德意志人民"字样的议会大门前,可以看到这座雄伟建筑物的西面阳台上站着一小群社会民主党人士。"是谢德曼[2],"那些站在最前

---

1 沃尔夫通讯社(Wolffs Telegraphisches Bureau)是德国最早的新闻社之一,曾与英国路透社、法国哈瓦斯社和美国美联社合称西方世界四大通讯社,于1933年停办。
2 菲利浦·谢德曼(Philipp Scheidemann,1865—1939),德国社会民主党领袖,1919年任魏玛共和国首任总理。

排的人小声对身后的人说道。这位国务秘书站出来讲话时,全场数千人保持着肃静,他说:"老旧的腐朽制度已然崩溃,军国主义结束了!"紧接着便是那历史性的声明:"请大家保护我们即将成立的德意志共和国免受任何危害。德意志共和国万岁!"欢呼声不绝于耳。重新安静下来时,一位士兵、一位水兵和一位年轻军官在帝国议会的台阶前轮番发言。年轻军官向集会的人群呼吁:"比起与陈腐观念和落后事物的斗争,这四年战争还不算太糟!"他挥舞他的帽子,高喊:"自由德意志万岁!"

人群把凯绥·珂勒惠支带到了菩提树下大街[1]。在那里,示威者的头上飘扬着红旗。士兵扯下他们的帽徽,开心地把它们扔到地上。"就是这样。人们经历了一切,却完全没有意识到发生了什么。"这位艺术家十分惊讶。

与此同时,她脑海中闪过彼得的样子。1914年时,她18岁的儿子满怀激情地入了伍。他在前线给她写的信通篇都是英雄主义色彩的套话,如同一份官方公报。没过几周,一封镶着黑边的讣告来到她家的信箱。当时,她觉得地上仿佛出现了一个无底黑洞,把她一口吞噬。今天,在共和国成立的日子,她又想起了彼得:"我相信,如果今天他还活着,他也会这么做的。他也会撕下他的帽徽。但是他已经不在了,而我最后一次看到他的时候,他帽上别着徽章,脸上闪着光芒,那是他有生以来最帅气的时刻。"

---

[1] 菩提树下大街(Unter den Linden)是柏林一条重要街道,沿街有众多重要建筑,附近也有勃兰登堡门这样的国家象征标志,大型庆典常常在此举办。

柏林的局势仍不稳定。就在那天下午，在德意志帝国的皇宫里，共和国又一次被宣布成立。与谢德曼的"德意志"共和国不同，李卜克内西"从一向是皇帝发表讲话的窗台上"宣布了"社会主义"共和国的成立。这场共和国成立仪式的竞争，显示了革命派内部充满危险的对立，显示了社会民主党和分离出去的独立社会民主党[1]之间的激烈斗争。这座城市已经陷入了危急的形势：街头子弹呼啸，机枪声响彻广场上空，甚至还能听到炮声。一次又一次，惊慌失措的人群聚而复散、散而复聚。有传言说，为了对付趁火打劫，革命后成立的工人委员会将会执行枪决。

晚些时候，皇储的父亲乘坐明黄色的御用列车前往荷兰。他已接受荷兰女王威廉明娜的庇护，他们有亲戚关系。女王不想将他拒之门外，让他沦落到和沙皇一家一样脑后挨枪子儿的命运。然而她的子民对女王的慷慨颇有微词。在抵达住处阿莫隆根城堡之前，"末代皇帝"威廉二世行经马斯特里赫特、奈梅亨和阿纳姆。在这些地方的火车站里迎接他的是愤怒的人群，以及他们大声的诅咒。在人们眼中，威廉二世要为长达4年的战争、他们家乡的毁灭，还有相应的饥荒、物资紧缺、疾病和大规模的死亡负责。

威廉皇储则回到他位于比利时维尔萨姆的司令部。他脑中一直盘旋着同样的问题：他应该违背父亲的决定背水一战吗？他仍

---

1 德国独立社会民主党（Unabhängige Sozialdemokratische Partei Deutschlands，一般缩写为USPD）是由被德国社会民主党开除的"中派"所建立的政党，这些"中派"奉行考茨基主义，既反对战争又反对革命。

是他部队的指挥官，可以率领他们打回柏林。在他和舒伦堡商谈之际，斯帕传来了新的消息：兴登堡元帅已经和新成立的临时政府合作。连兴登堡这位皇储和许多德国人的共同偶像也决定站在共和国一边，支持停战，阻止进一步的流血冲突，拒绝一场德国人打德国人的战争，这让皇储下定了决心，他必须也愿意站在兴登堡这一边。

为了避免遭到干涉，威廉前往前线附近，那里的军队仍维持着一定的纪律。途经一处新兵兵站时，皇储受到热烈的欢迎。"小伙子们压根不想支持革命，他们请求我带领他们返回故乡。他们将对一切革命事物给予毁灭性的打击！"车子在坑坑洼洼的道路上继续开着，然而由于情报有误，他们在一个"不见天日的无边丛林"里徒劳打转。最后，在一座设有军官学校的城堡里，他们才打听到通往第三集团军的正确路线。在路过铁路枢纽拉罗什昂阿登时，"我们眼前出现一片混乱，有一大群吵吵嚷嚷、毫无纪律的前线休假士兵"。由于一处铁路隧道被两排协约国列车相向堵死，他们的旅程再次中断。汽车在雨水渗透的泥泞道路上越陷越深，直到午夜才抵达目的地。皇储很快便上床休息，但他仍然不得安眠。

隔天，1918年11月11日，第三集团军与维尔萨姆的威廉总部取得电话联系。那里再次向柏林发出询问，但皇储现在最关心的问题仍没有任何回音：共和国会保留他对皇储集团军的指挥权吗？他担心柏林的沉默意味着"不能"。早秋的夜晚来临了，在司令部所在的城堡里，威廉站在窗口的暮光中，望着凋零的树木，枝头覆满了雨雪。外面街上走过一支部队，士兵们唱着："回到家乡，我要再一次……"原先一直极力克制的皇储，在孤独和黑夜的包围中，失声痛哭起来。

很晚的时候传来消息，临时政府已解除皇储的兵权。又一个不眠夜过去后，原本义愤填膺的威廉屈服了：他愿意把一切抛诸脑后，避免流血，换取内心的平静。他与随从分乘两辆汽车前往荷兰边境。在给自己部队的最后一封信上，皇储仍署名"最高指挥官威廉，德意志帝国皇储兼普鲁士王储"。不过这最终也只是"词语"罢了。同伴给他一顶士兵的帽子，好让别人没那么容易认出他来。但威廉自己更愿意戴上有骷髅标志的骠骑兵黑色高帽，再当一回普鲁士的军官。他们沿着破损不堪的道路穿过前线后方，那里的军队已作鸟兽散。在靠近荷兰边境的弗洛恩霍芬，铁丝网挡住他们的去路。只差一点就到荷兰了，威廉不得不使出浑身解数。边界那边的年轻荷兰军官大感意外。他该拿这地位尊贵的不速之客怎么办？威廉交出他的武器，等待了数小时，才获得前往马斯特里赫特的许可。途中他饱受仇视和辱骂。荷兰政府可不觉得他们有义务保证他在荷兰境内的安全。

1918年11月的乔治·格罗茨（George Grosz）也在忙着搬家。他原名格奥尔格·格罗斯（Georg Groß），但为了和他那醉心于战争的祖国保持距离，遂于1916年改名。月初时，他还住在柏林南区出租公寓的工作室；在搬去威尔默斯多夫区的拿骚大街之前，这家工作室多年来都是他世界的中心：他在这里给空木箱上色，用它们作家具，并在这些彩色木箱的簇拥下进行工作。工作室的墙边立着空瓶,墙上的装饰是由瓶上撕下的标签纸。灯下,一只黑色的十字园蛛从网上垂下。遍布整个工作室的破碎镜片散映出周围墙上的大量照片,其中有亨利·福特的照片,上面还有这位汽车大亨给格罗茨的亲笔题词。格罗茨崇拜福特和一切来自美国的东西:拉格泰姆、淘金工人、美元、摩天大楼、拳击、霓虹灯、波本威士忌、印第安战斧。他当时的住处就像"一个嘉年华帐篷",由一个自动燃气灶供暖,它必须投入10芬尼硬币才能启动。

西线停战的消息传到柏林,格罗茨却不觉得战争已经结束。"或许它从未真正结束?我们被宣示了和平,但并不是每个人都飘飘然地为此感到高兴。从根本上来说,德国人还是德国人,只是有个别地方发生了变化:从前不可一世的德国军队被击倒了,战争把他们搞得精疲力竭,就像那些用木浆制成的军服和人造皮革的弹药包一样脆弱。我并不为输了这场战争感到失望。然而,多年来人们为它所忍耐所承受的一切,少数人本着良心反对这场残酷的厮杀,却根本得不到支持——这些才是真正令我沮丧的事。"

格罗茨自己并没有为这场世界大战忍受或承受太多。严格说来,他是在与它平行的世界里度过的。他第一次入伍时患了鼻窦炎,第二次——也许是真的,也许是装的——则是神经崩溃。那次他被发现时,整个人半失去意识,头伸进了厕所的便坑里。那时还叫格罗斯的他进了军人医院。之后他待在精神疗养院里,享用战争时期的诸多替代食品,如"菜干""芜菁咖啡""灰色的小圆面包"和"灰绿色的人造蜂蜜"。这位将其他人在1914年8月所表现出的战争狂热视为"群魔乱舞"的画家,两次入伍都未曾目睹过前线的景象。但在大后方的他看到了战争所造成的毁灭与破坏，伤残与死亡。他在笔记本里画下所有那些令他不寒而栗的事物。后来他在自传里写道："对我来说，艺术创作是一种解压阀——让那些郁积的怒火得以释放。只要我有空，我就在画纸上发泄我的不满。我在笔记本和信笺上所勾勒的，是我身边那些令我感到不舒服的东西：战友如野兽般的面孔，面目全非的伤残士兵，狂妄自大的军官，医院里充满色欲的护士，等等。"他所画下的一切，都只是为了"记录我周遭世界那些如蝼蚁般忙忙碌碌、死不足惜的人的荒诞与可笑"。

他的画总在捕捉战争暴力给建筑、自然、人类精神和肉体所施加的影响，表现炸弹轰炸及其毁灭性的后果，看上去令人反感，却又不无吸引力，比如那些题为《袭击》（*Attentat*）或《空袭》（*Fliegerbombe*）的画作。1917 年 5 月，在最终离开军队之后，他创作了油画《大爆炸》（*Explosion*）。

这幅画以红和黑之间的剧烈反差，给人们展示了一座被炸得四分五裂的城市。爆炸地点位于楼房高层，仿佛被飞机扔下的燃烧弹所击中，其威力掀翻了整座城市。空间被倾覆，建筑在摇晃，窗户透出火红，天空为黑色浓烟聚集成的乌云所遮蔽。画面底部用黑、绿、蓝色绘制，暗示着一种深不可测的危险，从中可以感到试图逃离这场灾难的模糊身影，以及那些失败而坠入无底深渊的残骸。但这些人都只是用线条勾勒的剪影，若有似无，微不足道。

格罗茨在《大爆炸》这幅画里——其实他所有作品都是——

探究了人类本性的残暴与毁灭。他认为，由资产阶级和皇帝统治的德国表面上看似井井有条，本质却是一个腐朽、嗜血和扭曲的社会。这一负面的判定可由他自己的战时经历来证实。他记得，在1917年春天的某一天，那时他已在军人医院待了好几个月，一个医生想要宣布他已经痊愈。格罗茨拒绝下床，他认为医生的诊断是错误的，因而愤怒地攻击一个医护兵。后来他描述说，他"永远不会忘记"，"其他7个生病的'战友'，是抱着何等的喜悦甚至是快感，在获得允许后自愿朝我猛扑过来。一个当兵之前是面包师傅的家伙，整个人一再朝我抽筋的大腿上跳，还欢快地咆哮着：'就踩大腿，不断地踩，这小子就会安静了。'"格罗茨把战争视为人类最大的丑恶。在《大爆炸》这幅作品中，他描绘了文明如何被其自身的破坏力量所摧毁——它坠入自己一手造就的深渊。

在格罗茨笔下，1918年11月的柏林活脱脱就是《大爆炸》里灾难场景的翻版。昔日的帝国首都现在如同"一具灰色的石头尸体。房子全是裂缝，外表的灰泥和颜料都剥落了，裸露的窗洞犹如失去光泽的双眼，人们曾在此等候他们再也没能回来的家人，而今徒留凝结的泪痕"。

战争的最后几个月里，格罗茨已经感到有必要通过艺术以外的手段来改变这个社会。与此同时，柏林在停战谈判结束前几天所发生的革命也对他产生了神奇的吸引力，现在似乎有将所有的怒气和蔑视转化为行动的可能性，仿佛他能够参与一场轰炸，而他本人就是那颗炸弹。很快，格罗茨便成为斯巴达克同盟[1]梦寐以求的演说者。在内心深处，他或许已感到自己同样憎恶革命的主角和姿态。但他在外表上成为新时代的拥护者，这个积极和装腔作势的时代与他的本性不谋而合。尤其是在建立一个全新的教育体系这事上，他掌握了大量慷慨激昂的词汇：高等教育再也不只是富人的特权！研究机构和大学应该向所有人开放！1918年除夕之夜，格罗茨和他几位艺术家朋友一同加入了刚刚成立的德国共产党。罗莎·卢森堡亲自给他发放了党员证。

1918年11月4日，瓦尔特·格罗皮乌斯（Walter Gropius）从柏林出发去维也纳，去跟他妻子阿尔玛·马勒－格罗皮乌斯（Alma Mahler-Gropius）争取女儿曼农的抚养权。他写了一封信，解释自己有权获得曼农的理由：显然阿尔玛并不打算和她的情人弗兰茨·韦尔弗（Franz Werfel）分手。再说，即使曼农去了他那儿，她身边也还有第一任婚姻的女儿，以及刚出生的儿子马丁。读着这封信，阿尔玛哭了，一整天都未能恢复平静。

当天下午，格罗皮乌斯以及韦尔弗都来到她家。情绪激动的阿尔玛宣布说，她已经决定同时离开他们俩。从现在起她要带着三个孩子自力更生。在阿尔玛的气势前，格罗皮乌斯不知所措，他一下子软了下来，对自己的苛刻要求表示后悔，请求妻子的原谅。

---

[1] 斯巴达克同盟（Spartakusbund）是1915年由德国社会民主党左翼成立的组织，主要领导人有卡尔·李卜克内西、罗莎·卢森堡等人，之后该组织联合不莱梅左派组成德国共产党。

格罗皮乌斯夫妇的婚姻才维持了3年多一点。他们在1910年就认识了,当时阿尔玛还和她第一任丈夫、作曲家古斯塔夫·马勒(Gustav Mahler)在一起。在托伯尔巴德进行温泉疗养时,她遇见了格罗皮乌斯。阿尔玛自觉受到名声在外的丈夫冷落,对格罗皮乌斯萌生情愫。但马勒不遗余力地挽回他年轻的妻子,让这场婚姻没有陷入进一步危机。1911年马勒去世后,阿尔玛并没有马上和格罗皮乌斯在一起,而是和青年画家奥斯卡·柯克西卡(Oskar Kokoschka)坠入情网,后者感情热烈,却有着病态的嫉妒心。

世界大战爆发后,瓦尔特·格罗皮乌斯随即入伍。此后4年,他几乎一直都在西线战场和意大利服役。1915年2月,一次短暂的假期让格罗皮乌斯得以和阿尔玛再续前缘。这位35岁的寡妇不久前才重新与他取得联系。当两人再度面对面,旧情立马复燃。之后两人几乎每天都通信,前线与维也纳之间飞鸿不断。阿尔玛的信情意绵绵,充满"粗野"的情欲影射。1915年8月,格罗皮乌斯获得一次较长的探亲假,深坠爱河的两人在柏林秘密结婚。婚后阿尔玛的信却变了调,不再满怀爱意和思念,而是抱怨这漫长得不堪忍受的分离,抱怨他对她没有"推心置腹"且"缺乏关心"。出于嫉妒,她怀疑他有外遇或是去了前线的妓院。而身为"日益萎缩、毫无起色的战争机器"的一分子,格罗皮乌斯每天都在前线冒着越来越致命的危险,但他在信里完全没有提及。他不想让她为现实烦心,再说她对战争也完全不感兴趣。

1916年10月,阿尔玛·马勒-格罗皮乌斯诞下了新生命,按格罗皮乌斯祖母的名字取名为曼农。战争最后一年的夏天,阿尔玛怀了第二个孩子,当时格罗皮乌斯正在维也纳的战地医院进行治疗。此前协约国在小镇苏瓦松附近发动进攻,作为唯一的生还者,格罗皮乌斯被人从炸毁的房屋瓦砾里挖了出来。他身体几乎毫发无损,但遭受巨大的精神创伤。刚能下地,他便赶回家探望阿尔玛。那天是 1918 年 8 月 25 日。他满心期待见到妻子,却撞见她以一种可疑的亲密口吻和另一个男人通电话。在暴怒的格罗皮乌斯质问下,她这才承认:去年冬天,她再也无法忍受丈夫长期处于异地的状态,便开始与维也纳诗人弗兰茨·韦尔弗私通。根据她的叙述,她肚子里孩子的父亲也应该是韦尔弗。死里逃生的格罗皮乌斯,现在觉得自己又"仿佛被雷劈倒在地"。

不过隔天格罗皮乌斯便恢复了冷静,他前去拜访妻子的情人。韦尔弗完全是诗人的生活习惯,还没起床的他压根没听到格罗皮乌斯敲门。于是格罗皮乌斯留下一张充满骑士精神的字条:"阿尔玛就拜托您了。不幸的事可能发生。她情绪激动,恐怕会影响肚里的孩子。"格罗皮乌斯怀着痛苦的心事回到医院,他很快重返前线,重新投入到阿尔贡森林的生死激战中。还没有从嫉妒之火中痊愈,格罗皮乌斯便不得不转身拥抱战火。

1918 年 10 月,军医终于发现长达 4 年的兵役已让格罗皮乌斯少尉处于崩溃边缘,便给他批了长假。在返回柏林的路上,越来越多的征兆都显示战争就要结束,格罗皮乌斯这才意识到自己面临困境。这 4 年来,他全部精力都用于和祖国的敌人作战。他曾 3 次负伤,赢得铁十字勋章。可现在,当他比任何时候都需要爱和关怀时,他的婚姻却已支离破碎。作为职业建筑师,他已经 4 年没有工作,以前建立起的良好人脉也都搁置了。考虑到现在糟糕的经济形势,尤其是在柏林,生活无以为继的恐惧折磨着他:"如果我现在回家——失去少尉的薪资——那我就什么也没有了——而我面对的是一个通货膨胀的世界。"

在绝望中,格罗皮乌斯认识到改弦更张的必要。他写道,这一启示就像"一束光击中了他"。战前,他虽是先锋派建筑的领军人物,但政治上属于保守派。到了1918年11月,他必须调整自己的立场:"战争结束,我逐渐意识到……一切旧事物都过时了。"前往维也纳为曼侬的事和阿尔玛对质,是他为整顿生活所迈出的第一步。与此同时,他在柏林四处找工作,为自己的建筑事务所寻求第一份订单。

在个人生活之外,格罗皮乌斯也谋求改变。他愿意成为剧烈变革的一分子,和周遭的世界一起行动起来。他伙同其他一些艺术家和建筑师成立"艺术工会"(Arbeitsrat für Kunst),并和德国建筑师布鲁诺·陶特(Bruno Taut)共同起草了关于新建筑的宣言:"建筑是……精神力量的直接载体,是知觉的创造者。只有精神上的彻底革命才能将其实现。"他们的梦想,是在人口密集区以外的开阔土地上建造大型的"民族建筑"。至于不选择大城市的原因,"是因为它会和旧势力一样日趋腐朽、走向消亡。未来属于那些能够自给自足的新辟之地。"这样的模范聚居地应该具备城市的一切公共建筑:街道、广场、公园、商店、旅馆、餐厅、文艺设施和教育机构。按照格罗皮乌斯及其伙伴的设想,这种新形式的市郊应该成为新社会的孵化器。它们有相应的农业基础,并且有序整洁、规模适中、功能健全，能在多年的战争破坏后实现社会的重建，并成为新时代的建筑背景——这种承诺和我们今天的保障性住房计划十分相似。格罗皮乌斯和陶特想改变的是一个经历了格罗茨画中大爆炸的世界，他们将让被战火蹂躏殆尽的不毛之地和旧帝国旧社会的废墟重获新生。

不久后，格罗皮乌斯成为艺术工会的主席。他不仅懂得如何构思建筑方案，还凭借军官的经历学会了管理组织的艺术。他非常享受与那些思想独特的人打交道，并愈发坚信战争是必要的，它使他获得一种"内在的净化"，还让德国摧毁了旧事物的桎梏。格罗皮乌斯正跃跃欲试，准备兴建那属于未来的梦想城市。

路易丝·韦斯待在她那间装饰着蓝色墙纸的狭小办公室里，试图跟上这个世界令人猝不及防的变化，而这时，《新欧洲》名义上的出版人亚森特·费洛兹正泡在《新欧洲》编辑部大楼华丽的前厅里忙着应酬。他打开酒瓶，抽着烟，向络绎不绝的来宾致敬。一位毫无艺术才能的女艺术家给他重新装潢了编辑部大楼的厨房，以便晚上在那里举行狂欢宴会。他们痛饮葡萄酒和香槟，还请来了一些名声不太好的年轻女士，她们并不介意别人捏她们的屁股。宴会还因为太吵了而被邻居投诉，他们就给管理员塞点小费打发他。

路易丝·韦斯对这些狂欢不感兴趣。举目所及，到处都在发生革命。以俄罗斯为首，仿佛掀起了一股席卷全球的革命浪潮。不只在欧洲和奥斯曼帝国的领地上发生了剧烈的变化，甚至连美国、日本和中国都受到动荡的冲击。崩解的旧世界里，一个新世界正在崛起。这一切路易丝·韦斯都不容错过,她要将它们报道出来。《新欧洲》的论调变得越来越激进,违背了费洛兹拿它吸金和与大人物保持良好关系的初衷。路易丝·韦斯和她的同事们坚信,为了将浴火重生的世界引上正确的全新轨道,需要的不仅是一次俄罗斯革命,而是欧洲范围内的多重革命。德国、奥匈帝国、东欧地区、巴尔干半岛、波罗的海诸国和乌克兰,甚至日本和中国都在经历变革。但在革命的起源地法国,情况又如何?难道赢了战争就能将革命的浪潮拒之门外?在她看来,即便法国是胜利者,也应做好准备进行根本的改变:她呼吁选举新政府,给予工人更多的权利,对殖民地采取新的态度。最为必要的,是最终赋予法国妇女充分的政治权利——尤其是选举权。

在路易丝·韦斯充满激情的关注下,这时米兰的祖国捷克斯洛伐克所发生的一切,可以毫无疑问地称之为革命。波西米亚的居民早就日益公开反对哈布斯堡王朝的统治:游行、集会和罢工屡见不鲜。米兰·什特凡尼克在西伯利亚奋力率领捷克军团杀出重围,新生的捷克斯洛伐克国家需要这支军队,而他的同伴爱德华·贝奈斯(Edvard Beneš)则在巴黎为捷克斯洛伐克的独立起草宪法——只是到目前为止,它仍是一纸空文。贝奈斯经常在《新欧洲》的编辑部一待就是好几个小时,他的观点对刊物的立场有重大影响。每次,当路易丝为费洛兹的胡闹感到不胜其烦、准备辞职的时候,都是贝奈斯说服她留下。他知道自己不能没有这份杂志和路易丝。《新欧洲》可以让公众和许多重要的政治人物对捷克斯洛伐克事务保持兴趣。多亏路易丝·韦斯的努力,世界才知道贝奈斯在 1918 年 9 月于巴黎成立了捷克斯洛伐克临时政府,10 月 18 日它宣布独立。11 月维也纳爆发革命后,路易丝·韦斯便向她的读者阐明,奥匈帝国皇帝卡尔一世的下台将给新生的捷克斯洛伐克国家铺平道路。

对于作曲家、维也纳的交际花和缪斯女神阿尔玛·马勒－格罗皮乌斯来说,瓦尔特·格罗皮乌斯的革命事业至少是她一次短暂的放松机会。此前,她的丈夫总在抱怨韦尔弗的存在——无论是写信还是当面。他请求她停止这段婚外情,去柏林和他相聚。他还以相应的法律后果威胁她。但她追随自己内心的感觉,它中意的一直是那位年轻、天赋异禀且成就日益显著的诗人。经过 11 月 4 日那天的妥协后,格罗皮乌斯对这段感情的反对也就不了了之。没过几天,柏林爆发的革命让人们暂时无暇顾及儿女情长。这给阿尔玛和韦尔弗开启了一道通往未来——只属于他俩的未来——的门,使他们能够无需遮掩地彼此厮守。几周后,她在日记里写道:"一个绝佳的晚上!韦尔弗和我在一起。我们彼此依偎,感到两颗相爱的心亲密无间。这是我人生中少有的如释重负。"

同时,她打从心底觉得对韦尔弗的爱并不妨碍她此前的爱情关系:"我同时爱着他们。哪一个也不用否定。古斯塔夫·马勒,奥斯卡·柯克西卡,格罗皮乌斯……他们过去是、现在也是我的真爱!"她年轻时的情人古斯塔夫·克里姆特[1]去世时,她甚至写道:"以前我是多么了解他啊!我从未停止对他的爱——不过是以一种非常扭曲的形式。"每一个她爱过的男人都在她心头留下了痕迹与回忆。她不愿意、也不可能否认或放弃任何一个。在昔日的奥匈帝国首都维也纳,妇女行为得体与否攸关颜面,然而到了战争末期,阿尔玛这种摇摆不定的暧昧关系已不再是社会谴责的对象。"我不信任婚姻这种需要国家批准的暴力结合,我选择回避它来寻求自由的关系。"阿尔玛如此写道。这可谓一次小型性解放。

柏林骚乱没几天,1918 年 11 月 12 日,维也纳也爆发了革命,阿尔玛·马勒-格罗皮乌斯在她的音乐沙龙里亲眼见证了这一切。那"所谓的'革命'"在她看来"既滑稽又糟糕透顶。我们看到前往帝国议会的工人队伍。丑陋的装束……红旗……恶劣的天气……还有雨中的污泥,一切都死气沉沉。然后从议会里传出据说是枪声的声响。登时一片混乱!那支令人提不起兴趣的游行队伍之前还算有序,现在却尖叫起来,不顾体面地往回跑。有些甚至跑到我这儿。我们都掏出了枪"。就在前一天,皇帝卡尔一世已宣布放弃政务,他于 12 日当晚离开维也纳。继德国之后,哈布斯堡的君主制也走向完结。

11 月 13 日,弗兰茨·韦尔弗来到阿尔玛住处门前。他穿着制服,请求她让他去参与示威。但对她来说,这是一场"虚假的革

---

1 古斯塔夫·克里姆特(Gustav Klimt, 1879—1918),奥地利表现主义画家,以大胆运用色彩及表现情欲主题著称。在艺术创作外,克里姆特为人风流,但终生未娶。

命"；她可是"打从心底反对它"。韦尔弗求了她半天，直到最后，她双手抱着他的头吻他并同意了，犹如你不得不答允一个固执己见的年轻人。这位诗人深夜才回来，样子非常狼狈。"他红着眼睛，脸都肿了而且都是土，手上受了伤，制服被扯烂，身上还散发着劣酒和烟草的味道。"诗人不无得意地告诉她，他如何站在圆环路的长凳上向群众发表讲话，号召占领银行，他还和艺术家朋友成立了"红色先锋队"。但阿尔玛没给他好脸色，她责备他："你可真是干了好事啊，现在你可美了。"她打发这位脏兮兮臭烘烘的革命家去朋友家睡。所以他压根没进她家门。

闹革命的韦尔弗被警察盯上了。到头来，还是瓦尔特·格罗皮乌斯给韦尔弗提了个醒，说警方正在监视他，诗人才得以及时躲藏起来，等候风声平息。格罗皮乌斯不是没有想过利用这个大好机会，让警察替他除去眼中钉。他之所以没这么做，并不只是出于君子风度，还是为了阿尔玛。她的情人名声岌岌可危，正处于精神崩溃的边缘。

和她丈夫不同，阿尔玛·马勒－格罗皮乌斯从一开始就痛恨革命，之后她也无法适应"红色维也纳"。尽管新时代的解放氛围让她的个人生活获得不少好处，她却尤其怀念那逝去的"美好年代"[1]。过了几个月，她还写道，她希望皇帝能够归来，还有"那些尊贵无比、处境却尤其糟糕的大公，这个国家本该支持他们"。她想要的"只是恢复统治阶级的荣誉，恢复被统治人民的安静顺从。

---

1 Belle Époque，是后人对欧洲从19世纪末到一战爆发前这段时期的命名。

群众的喧哗是一种来自地狱的杂音"。

阮必成在巴黎的房间，小到几乎连一张狭窄的铁架床、一套桌椅都放不下。这位伦敦的洗碗工搬来法国的首都，住进东部工人社区的一家便宜旅社。他会在一大早给自己煮一碗米饭和鱼，只吃一半，另一半则留作晚餐。由于是冬天，每天早上出门工作前，他都特意把一块砖放进旅馆厨房的炉灶里。晚上回来，他把砖头从炉里夹出来，用一块报纸包着放在床下，这样夜里就不会挨冻。阮必成靠打零工为生。下班后他会去巴黎的图书馆读书，提高自己的法语水平；他喜欢埃米尔·左拉和阿纳托尔·法朗士的作品。如果晚上还有精力，他就参加一些政治集会。

自从来到巴黎，阮必成对法国人有了另一个角度的认识。在他的家乡印度支那，法国人仅仅是统治者，他们以传播西方世界文明为名义，残酷地压迫和剥削当地人。而在他横跨整个世界的漫长航行中，他发现，命运悲惨的人并不仅是他的同胞。回忆起自己在非洲塞内加尔达喀尔港口目睹的一幕，他仍心有余悸。当时，他工作的那条船碍于一场暴风雨无法进港。巨浪滔天，他们根本没有机会放下救生艇。为了和船上取得联系，港口的管理员命令一个非洲人游过去。这个不幸的家伙知道自己不能抗命，只得从堤岸跳进港口的海里。最开始，他还能成功地浮在水面上。但一离开港口的保护，猛烈翻滚的大浪就让他晕头转向，瞬间沉没。在他之后，又有第二个、第三个甚至第四个人被打发下水。他们没有一人抵达目的地，没有一人幸存。它勾起了阮必成对童年类似经历的回忆。此后,这一幕便深深地埋在了他的记忆中了。

到了法国,阮必成发现殖民母国的人也不都有钱有势。他在马赛港刚刚踏上法国的土地时,就注意到那些向船员涌来的妓女。他困惑地问另一个水手:"法国人在给我们灌输他们的文明之前,为什么不先开化自己的同胞?"后来在巴黎,他又发现,这座伟大城市的工人区显得颓败不堪,那里的居民生活相当艰难。在法国,贫富差距不单单是事实,同时还是政治议题,这让阮必成颇感兴趣。他频频参加社会主义者的政治集会。开始还只是作为一名听众,很快他就站到台上,沉稳自信地发表讲话。他总是懂得先从集会的主题切入,再联系到法国殖民地和印度支那的情况。由于大多数时候他都是唯一一个外籍发言者,人们总是会认真倾听。总的来说,他感觉本土法国人要比印度支那的法国人更友好。或许这是因为阮必成在这里生活,和他们越来越像,举手投足益发礼貌拘谨。他在法国是客人、是外国人,他想要别人认真对待他,想要获得别人的信任,就不能表现得像一个夸夸其谈的革命分子。只有如此,他才能逐步实现越南独立的梦想。

不过,他也痛苦地意识到,法国的社会主义者对殖民地并不是很感兴趣。为数不多的几家左翼报纸中,唯一会报道印度支那的是《人民报》(*Le Peuple*)。它的总部设于布鲁塞尔,一战末期开始在法国拥有分社。报社巴黎办公室的负责人是社会主义者让·龙格(Jean Longuet),他是卡尔·马克思的外孙,也是一名国会议员。

阮必成前去拜访让·龙格,这位政治大腕的友好接待让他大感意外。他称阮必成是"亲爱的同志",还邀请他为《人民报》撰写关于印度支那的文章。阮必成大受鼓舞,他也知道自己的法语水平还不够,哪怕是一篇简讯。但他可不能让这个机会白白溜走,于是他请一位法语水平远胜于他的老乡来代笔。那人同意了,但拒绝以自己的名字发表。于是阮必成便签上一个假名,即"阮爱国"(Nguyen Ai Quoc)。他对他的影子写手并不总是感到满意,终于鼓起勇气自己动笔。一开始只是短短几行,还得让编辑从头到尾修改一遍。但阮必成会对改动的地方进行对比,从错误中吸取教训,因此他的文章越写越好,也越写越长。

沿着西伯利亚大铁路一路向东,马琳娜·于洛娃继续她的旅程。沿途景观消失在厚厚的积雪下。从车窗望出去只见一片雪白,无边无际;置身其中,连庞大的火车都显得如此无助。在这片泛着白光、望不到尽头的平面世界里,火车突然急刹车,在一个无名之地停下了。军官质问司机这是怎么回事,得到的答复令人颇为不安。伊尔库茨克,他们下一个要抵达的大站,已经落入布尔什维克手中。火车司机拒绝继续前进。掉头返回也是不可能的,因为他们身后的托木斯克应该也已不再安全。在一望无垠的白色莽原里,静默的火车犹如一条僵死的黑色蠕虫。

捷克斯洛伐克士兵在逐渐冷却的火车头旁搭了一个临时营地。雪地里立起帐篷,升起熊熊的火堆,一些同乘这列火车的俄罗斯贵族妇女也在火堆旁取暖。接下来怎么办?就这么耗着,等布尔什维克搭下一班火车过来收拾他们?眼看这天就要过去,一位军官失去耐心。他打算换上农民的装束，混过被敌人占领的伊尔库茨克。在伊尔库茨克以东的满洲里应该还是安全的。这个主意得到许多人赞同，但关键是，人们如何在西伯利亚的严冬里走到伊尔库茨克？它距离此地可有数百公里之遥。

天无绝人之路，被派去附近侦查的士兵偶然发现一个蒙古族村落。他们和村民交涉了半天，细细说了自己的计划，然后敲定报酬的价格。村民会给他们提供御寒衣物，带领他们穿过一条骑马小径去伊尔库茨克。将近100名乘客同意参与这一行动。他们拿出自己的路费，凑齐了给蒙古向导的钱。没多久，他们便排成一列长长的队伍，在雪地里深一脚浅一脚地穿行。蒙古人在前面骑着马，那些马非常瘦小，骑手几乎可说是脚不离地。满是皱纹的脸上完全看不出来他们如何看待这些误闯他们土地的陌生人，或他们接下来的意图。那条小路他们就算打着瞌睡都认得，即便它有好些地方被雪掩盖。他们也知道在附近哪里藏有可供歇脚的住家。

马琳娜觉得似乎永远走不完这片冰封的单调景色。几天之后，长途跋涉的队伍来到一个居民死绝的俄罗斯村庄。200具冻得发黑的尸体散落在雪中。那景象在马琳娜的脑海中挥之不去，甚至连做梦也梦见它。

马琳娜一行人又往前走了数天。附近忽地传来一阵火车汽笛声，打破了原本的宁静。领头的蒙古向导瞬间不见人影，仿佛为大地所吞没。他们派人去侦查，几小时后带回了好消息：他们离伊尔库茨克只有近50公里，再走几个小时就能遇上一处俄罗斯村落。这还不算，最好的消息是，捷克斯洛伐克军团已重新夺回伊尔库茨克。没过多久,马琳娜就能望见远处城里的塔楼了。抵达伊尔库茨克让人如获新生,尽管这还只是中途停靠站,尽管四肢痛得不行,但捱了多日酷寒的身体终于暖和过来。

在里士满那个舒适、有壁炉供取暖的家里,弗吉尼亚·伍尔夫正全神贯注地创作她的小说《夜与日》(*Night and Day*)。伦纳德严格控制她的工作时间,因此她有足够的闲暇阅读报纸,它把世界正在发生的一切带到里士满。11月9日——当时人们已听闻德国水兵起义,但还不知道德意志帝国就要完结——弗吉尼亚·伍尔夫在日记里写道,德国皇帝"仍然是个影子皇帝"。"否则,就要爆发一场革命,人们可以把它看作德国人对所发生一切的部分觉醒。想象一下,若是我们英国人也有所醒悟,又会发生什么呢?"

获胜的英国也可能面临混乱,作家绝不认为这一念头是错误的。当和平到来,她以一种犹如地震仪般的精确态度,记下了里士满及她周遭所发生的微小变化。她提到在沙夫茨伯里,她亲眼看到一个小兵在大街上公然威胁军官,说要给他当头一枪。这样的事预示着我们的未来,对此伍尔夫深信不疑。充斥街头的醉酒士兵和群众也意味着局势正在起变化。然而未来会走向何方?她写道,"恢复了正常生活,和平很快就消失得无影无踪。"里士满居民转移注意力的速度比预想中还快:"人们不再成天穿过漆黑的街道回家,所有人也不再自愿或被迫地把精力集中在同一件事上;现在给人的感觉是,整个国家四分五裂,被一股强力驱使着往不同的方向作鸟兽散。我们又一次成为一个个人主义的国家。有些人喜欢足球，有些人喜欢赛马，有些人喜欢跳舞，其他人则非常快活地跑来跑去，脱下制服，重新拾起自己的营生。"没有了战争和共同的敌人，是否会激化英国社会的内在分歧？作家感到很难解释清楚。和平"就像一块小石子掉进了我的池塘，激荡起直抵彼岸的涟漪"。

在1919年初出版的《夜与日》中，读者可以发现战争对弗吉尼亚·伍尔夫抛出的问题。这部小说围绕5个人相互交织的生活，描写了战前英国社会所面临的困境，尤其是妇女如囚徒般的存在，她们被一张由习俗、法律和婚姻的屈从关系所织就的网牢牢束缚。这一不堪忍受的社会环境是引发战争的根源吗？大不列颠的子民在战争中所捍卫的究竟是何种"自由"？这个社会真的值得那么多的人为它牺牲性命吗？

在政治上，战争结束究竟对不列颠帝国意味着什么？在朋友那里，伍尔夫听到不同答案。一些人相信英国已经置身"革命边缘"，如画家罗杰·弗莱（Roger Fry）。"底层人民愤世嫉俗，毫无耐心，他们有力量，而且天生缺乏理性……顽固保守的中产阶级从来不是坚不可摧的，扔几个炸弹就可让他们粉身碎骨。"

1918年整个11月，特伦斯·麦克史威尼（Terence MacSwiney）和其他被捕的新芬党[1]人士都待在满是污泥的轮船货舱里。他们将

---

[1] 新芬党（Sinn Fein，意译为"我们"）是一个爱尔兰左翼政党，成立于1905年，主张以武力促成爱尔兰独立。

从都柏林启程前往大不列颠本岛。船一驶出港口，汹涌的海浪就让人感到不适。许多人很快晕船，萎靡不振地缩在位子上。麦克史威尼发现一个开着的小舱口，便尽量把头探出去，好呼吸海上新鲜的空气。浪花溅在他脸上，他并不在意被弄湿。谁知道他下次自由呼吸又是什么时候呢？

麦克史威尼知道，此行的目的地是英格兰东部的林肯监狱，那是一座气势宏伟的砖石建筑，外表看着犹如中世纪的骑士城堡。此前他曾在那里待过，现在的他对爱尔兰和英格兰的监狱都很熟悉。大战爆发前夕，他在家乡科克加入了地下组织爱尔兰志愿军，他们的目标是领导爱尔兰独立。他相信，一小群时刻准备自我牺牲的先驱斗士能够唤醒爱尔兰全体人民参与起义。此前麦克史威尼一直通过报纸文章、诗歌和著作倡导独立，加入志愿军后他便转入地下工作，暗中招募人员，筹措制服、武器和金钱，为时机成熟的起义做准备。

这位爱尔兰革命斗士长期受到英国警方的盯梢。虽然到目前为止，还没有证据证明他参与了更严重的非法活动，他也已成为法庭和监狱的常客。尽管麦克史威尼的老家科克并没有参与1916年4月的复活节起义[1]——直到去世他都把这视为遗憾——但这一事实并没能改善他的处境。他的妻子穆丽尔来自科克一个富有的家庭，两人聚少离多。对他来说，长时间待在同一个地方太过危

---

[1] 复活节起义发生于1916年4月24日的都柏林，是一场由爱尔兰共和兄弟会策划的武装暴动，目的在于争取爱尔兰的独立，这是自1798年以来爱尔兰最重大的一场起义，尽管最终失败，但被视为爱尔兰独立道路的里程碑。

险。当他坐牢时，穆丽尔至少能知道他具体在哪里。1918年6月，他们第一个女儿玛丽出生，穆丽尔把孩子抱到监狱会见室，好让孩子的父亲能够亲手抱抱她。两人的通信总是充满关怀和爱意。在信中，夫妇俩向彼此保证，爱尔兰的事务必须永远先于他们的个人幸福。麦克史威尼如此写道："没有一个男人应该害怕让他所爱的人去接受烈火的淬炼，但他应该依据自己的能力向她们展示如何通过试验，并相信真理的重要性。"

抵达林肯监狱，麦克史威尼又回到他所熟悉的乏味狱中生活。只有来自家乡的零星革命消息能给在牢房的他带来刺激。圣诞节前，特伦斯·麦克史威尼听说他以新芬党候选人的身份当选了英国下议院议员——尽管他还在坐牢。在1918年12月14日的下议院选举中，支持独立的新芬党完胜温和的爱尔兰议会党（Irish Parliamentary Party）和联合派人士。但新芬党的议员代表并没有去威斯敏斯特就职，而是选择更为激进的举措：他们单方面宣布爱尔兰独立，并成立独立的爱尔兰立法机构爱尔兰议会。1919年1月21日，爱尔兰议会举行第一次集会，起草了宪法。然而关于这一消息，高墙内的麦克史威尼还是从别人口里才得知的。他多么希望自己当时能在场啊！

同一天，麦克史威尼还听说——后来他也在报上读到——他的同伴，肖恩·特里西（Séan Treacy）、丹·布林（Dan Breen）和其他7位爱尔兰志愿军人士，在通往索洛海德贝格采石场的路上发动了一次伏击。他们的目标是一批由警察从附近的蒂珀雷里郡押送来的炸药。不过比起炸药，他们更感兴趣的是战争：要让这场意外成为新一轮武装反抗英国统治的重要信号。他们苦苦守候多日后,侦查员终于远远发现了运输车的身影。所有人各就各位,尽可能保持镇静。马车越来越近,上面坐镇的警察受过良好的训练。相反,这些爱尔兰自由战士对他们手中的武器非常陌生。他们无从练习射击,因为极其缺乏弹药,同时也害怕响亮的枪声会暴露自己。

马车到来时,他们一跃而出,大声命令押车的人放下武器。然而警察可不这么想。他们把身体蜷缩在车座后面,子弹上膛,瞄准那些蒙面的进攻者。有那么一瞬间,枪口对枪口,空气中充满一触即溃的静默。然后,在路堤的掩护下,9支左轮手枪开火了,2个警察被击毙,栽倒在路上。枪声惊动了附近居民。几分钟不到就会有好事者围过来,然后警察就会成群结队出动。他们匆忙跳上马车,驱使那匹老马用最快的速度疾奔。炸药在他们身后的车上滚来滚去,不时传来爆炸声,可能是剧烈晃动引起的自我引爆。最后,他们终于赶到目的地,那里已经事先挖好埋藏炸药的地洞。这时恰好来了一场暴风雪,他们便在大雪的掩护下,消失得无影无踪。

差不多与此同时,在印度的马泰兰,差点丢了命的莫罕达斯·卡拉姆昌德·甘地正从一场严重的痢疾中恢复过来。他的主治大夫达拉尔医生保证一定会将他治好,但前提是,他必须放弃自己不喝牛奶的誓言。甘地的身体一直非常虚弱,"光是对食物的想象就让他充满恐惧",且每次排泄都是折磨。然而违背自己的原则让他内心深感不安。经过漫长的慎重考虑，他求生的本能才占了上风，同时，他也希望能够继续推动印度已经开始的独立斗争。圣雄依旧不接受牛奶或是水牛奶，不过他让人给他拿来山羊奶。

慢慢地，甘地的身体有了起色，然而这时，一条令人不安的消息出现在他面前。随着一战结束，战时英国殖民政府在印度实施、用以遏制印度独立运动势头的紧急状态法也就不再适用。为了应对这一变化，以法官西德尼·罗拉特爵士（Sir Sidney Rowlatt）为首的委员会成立了。他们起草了一揽子法案，旨在为英国当局镇压印度的公众骚乱提供依据。甘地随即组织人们进行抵制。"昨晚在睡梦里我有了一个想法，我们应该号召整个国家发起一场全面罢工。"所有印度人可以"在这一天停下手头的工作，进行绝食和祈祷"。一旦印度人民在事实上予以响应，将会是他消极抵抗策略一次令人印象深刻的演示，说不定能阻止法案通过，或至少削弱其影响。带着这样的希望，甘地着手联系全国各地的有志之士。

继水兵起义和正式停战以后，威廉港的全体船员又一次忙碌起来。这让理夏德·施通普夫想起了1914年：现在和那时一样充满干劲。只是这一次，码头起重机不是把弹药搬上船，而是运往满是潮湿煤灰的仓库。不久以前，德国海军还拿它们来"问候"英国。现在，按照停战协议的规定，他们却得把自己的战舰拱手让给英国人。

告别这些毁灭性武器本是德国人值得庆幸的日子，但理夏德·施通普夫觉得，自己像是在筹备一场葬礼。毕竟，要实现一场能在一天内给世界带来和平的全面停战,不该用德国人的尊严为代价。投降根本是一种出卖,这就是施通普夫对停战协议内容的看法。他相信,这一刻的屈辱会给德国人造成未来好几百年的负担。总有一天,现在落入英国人手中的德国战舰会被用来对付德国人。

船上的生活也彻底变了样:纪律松弛,新成立的士兵委员会没能维持住秩序,成天发生盗窃和斗殴事件。好歹船员们现在不用挨饿了,甚至一周可以喝上三次潘趣酒。所有的好东西都来自军官食堂。那里甚至有足够的威士忌,让士兵委员会的干部们为庆功好好醉上一回。他们在甲板上跑来跑去,大声唱歌和自我吹嘘。起义第二天,一位发言者曾宣布说:"我们起来反抗,是因为别人拿我们当孩子对待!"一点没错,施通普夫想道,这些军人表现得就像孩子。

一直以来施通普夫都盼望着退役。现在这一天已经到来,而他一点也不兴奋。没有音乐,没有花束,没有荣誉仪式。施通普夫为这场战争所冒的生命危险,人们为它所付出的一切努力,到头来换得的是战败的羞辱,是战舰被没收的灾难,是一个不公平的停战协定和软弱无能的新政府,而最可怕的是在这紧要关头必然引发的混乱思绪。

1918年11月18日那天,施通普夫看着弗里德里希大帝号战列舰驶离威廉港,这是它最后一次由德国人驾驶。与它一起的还有阿尔伯特国王号战列舰,以及德国舰队的其余船只。紧接着驶离的是U型潜艇。船员们站在堤岸上,手里拿着自己的行李,眼睁睁地看着德国的海上堡垒从海平线上消失。

多么幸运,我们的威廉,这位普鲁士王国的末代王储,不必亲眼看见他父亲和整个帝国引以为豪的海军战舰被解除武装,开往英国——偏偏是去英国!威廉和他的随从被安置在马斯特里赫特当地政府的一个礼堂。外面广场上站着群情激愤的民众。好几个小时过去,壁炉座钟上的指针仿佛一点也没动。他的一个部属犯了胃痉挛,呻吟着蜷缩在天鹅绒沙发上。而威廉的思绪围绕着战争最后的日子,他回忆战争,想着留在波茨坦新宫的妻子塞西莉娅和孩子们。失去控制的柏林仿佛就在眼前。

皇储本人的最终命运还要悬置约莫2个星期。德国临时政府要求引渡他,其他人则要求将他下狱。各国经过漫长的交涉后,最终决定,这个集德国君主制复辟希望于一身的人,应该被流放到荷兰须德海的一个岛上。在恩克赫伊森港口,闪光灯、记者和不绝于耳的辱骂声为威廉送别。荷兰老百姓向这位前皇储挥舞着拳头,表示他们应该当面狠狠赏他一记耳光。

跨过雾气蒙蒙的海面,韦林根岛出现在眼前,那里就是威廉此后生活的地方。他坐上一辆嘎吱乱响、散发着陈年皮革霉味的老旧汽车。前皇储的新官邸不过是浓雾笼罩下的几间茅屋。车子在当地牧师的住宅前停下了。他眼前这两个陈设简陋的阴冷房间,便是他的流放家园。

在柏林,皇储遇害的谣言传得沸沸扬扬。凯绥·珂勒惠支在

11月12日那天也听说了,当时她正陪着女友康斯坦茨·哈丁－克赖尔到处找工作。革命发生后,柏林警察局搬到亚历山大广场,在那里,两位女士见识到新政府的办事效率。里头的人什么也不知道,一切概不负责,办公室之间互相踢皮球,她们一无所获。当她们沮丧地打算离开时,警察局正门的警卫却不让她们出去,因为她们没有证件,只能从后门离开。这让人想起亨利希·曼(Heinrich Mann)小说《臣仆》(*Der Untertan*)里的帝制时代。稍后,这部小说首次以德语出版,而它的俄语翻译版早在1915年便已面世。

珂勒惠支接着搭乘有轨电车前往工作室。车上挤满了人,尤其是那些返乡的士兵,现在车站里到处都是他们的身影。凯绥·珂勒惠支听人说,那些载前线士兵回家的火车通常都拥挤到死人的程度。电车中间站着一位手提箱子的老妇人,箱子里有一只猫在轻声叫唤。老妇人解释道,小东西被一场枪战吓到了,便躲到她家。现在她家附近的枪战太多了。所以她躲去乡下,顺便把猫也带上。她的听众都被逗乐了。

在皇帝退位的隔天,珂勒惠支还盼望着社会主义能获得胜利。但她并不想忽视这一刻的现实:斯巴达克同盟的行事方式令她无法忍受。她决定和他们保持距离,这也是因为,强行改变社会制度这种做法仍然遭到许多百姓的坚决反对。在珂勒惠支看来,违背大多数德国人的意愿强制实行社会主义,这是一种自相矛盾的做法。她提醒自己要有耐心,遵循宪政民主的道路,并期待"社会主义的循序渐进。这多少是令人失望的,你觉得它已触手可及,现在别人却让你再等等"。然而,那些"一心只想贯彻社会主义的人"愿意慢慢来吗?他们是否不曾全力以赴,现在只想利用时机?

军队战败、皇帝悄然退位和帝国终结,这一切所留下的是一个真空地带。发生执行机构、国家和社会一同衰退甚至崩溃的,不只是德国。各国的革命运动都利用了这意外出现的活动空间。一夕之间,无论是号召成千上万人走上街头,或是在阳台上宣布新政权成立,一切皆有可能。然而德国和世界其他地方一样,面临着如何恢复稳定、如何在全新的基础上站稳脚跟的问题。德意志帝国、奥匈帝国还有奥斯曼土耳其帝国现在都陷入一片混乱。在这样的形势下,要建立一个全新的、获得普遍承认的中央政府,并通过像警察和军队这样的国家机器赋予它真正的统治权,显然是巨大的挑战。

马蒂亚斯·埃茨贝格尔11月13日抵达柏林,愤怒地看到他的公务车没有经过他本人同意就被插上了红旗。他拿19世纪德国统一运动的黑红金三色旗替换它。走在街上,他察觉到空气中弥漫着紧张的情绪。新的暴力冲突随时都可能发生,持续发展的骚乱很可能会让艾伯特(Friedrich Ebert)和他的人民全权代表委员会(Rat der Volksbeauftragten)为共产党所取代。新上任的普鲁士战争部长海因里希·朔伊希(Heinrich Schëuch)晚上穿着便服前来拜访,他向埃茨贝格尔证实,柏林再也不可能指望军队提供保护来对抗革命力量。

前往贡比涅时,马蒂亚斯·埃茨贝格尔还是皇帝的全权代表,再回到柏林时,前来迎接他的已是人民全权代表委员会的5位成员,他们属于以社会民主党人弗里德里希·艾伯特为首的德国临时政府。埃茨贝格尔就谈判内容和停战协约的初步履行做了汇报。他们告诉他——正如之前他所听说的——临时政府承认由他率领的代表团"在最艰难的时候为德国人民的利益"做出了贡献。这令他如释重负。此前成立的停战委员会应监督协议如约执行。因此临时政府需要埃茨贝格尔,它和从前的帝国一样,必须承担无法规避的战争后果。对埃茨贝格尔个人来说,这场对话也为他设定了将来,确保曾经为皇帝服务的他现在将继续为新政府效劳。这是一次对谈话双方都有利的妥协行动。社会民主党政府借此表示对资产阶级力量的开放态度。而埃茨贝格尔保住了他的职业生涯,他所在的天主教中央党将在共和国继续存在,而且,至少有望能防止临时政府的进一步左倾。自然,埃茨贝格尔和临时政府合作并非出于对革命的信仰。对他来说,革命是一次根本的错误,是帝国统治失灵和崩溃所造成的后果。埃茨贝格尔曾当面对信奉和平主义的出版人兼艺术收藏家哈利·凯斯勒伯爵(Harry Graf Kessler)说,禁止士兵向起义人士开枪的近卫军首领,应该自裁以谢天下。

尽管如此,埃茨贝格尔对他的新工作仍尽心尽力。除了监督停战协议的执行,他还想召集至少数千名可以信赖的士兵来保卫柏林首要的政府大楼。事实证明这是不可能做到的,但他的行为无疑表明,他痛恨那些想要继续革命的人。和人民全权代表委员会主席艾伯特一样,他坚信,必须尽快由德意志人民选出国民议会,制定宪法。他认为唯有如此,共和国才能获得事实上的合法性,到目前为止,它还只是依靠革命骚乱、自发成立的工人和士兵委员会以及一场政变形式的政府更替。

1918年11月20日那天,凯绥·珂勒惠支和其他数千名柏林人挤在波茨坦火车站的候车大厅里。她和丈夫卡尔望眼欲穿地等待着,火车延误了。等它终于进站,还乡的士兵从一个个打开的车门蜂拥而出,月台顿时水泄不通。凯绥·珂勒惠支爬上栏杆,带着怦怦直跳的心在那些灰暗的面孔里搜寻。终于,她在人群中发现了汉斯。他也认出她来,挥舞着手。母子俩紧紧抱在一起。

回到家,餐桌旁汉斯的座位布满鲜花。桌上还有红酒佐餐。他们庆祝他的归来,为"德国的生活和未来"干杯。举起酒杯,他们一起回忆汉斯的兄弟彼得,他的位子将会永远空着了。凯绥·珂勒惠支心想:"很少像现在这样,想起彼得时没那么难过。之前我以为事情可能会是另一个样子。但它并没有发生。"

现在,他们应该挂出旗帜向返乡士兵致意吗?又该挂哪种旗帜呢?对此,凯绥·珂勒惠支和她丈夫商量了很久,最后决定挂德意志帝国的黑白红三色旗,那面"令人感到亲切的德意志旗"。不过在它的顶端,他们加挂了红色的共和国三角旗,还有一个圣诞花圈,作为欢迎归来的象征——也为了所有那些"再也没能回来的人"。不只是珂勒惠支,她的许多朋友都在战争中失去孩子。

根据鲁道夫·赫斯的自传,他这时还在从前线战场归国的途中。他可不想困在巴勒斯坦，沦为英国人的战俘。作为军官，他问部属是否愿意追随他千里跋涉回去。部队单独行动在军中是明确禁止的，但所有士兵都表示服从他的领导，即便其中许多人的年纪显然远大于他。这将是一场充满冒险的长征，他们要穿过安纳托利亚、黑海和巴尔干半岛去到奥地利。"没有地图，只能依赖中学的地理知识，坐骑和士兵的口粮则向当地百姓征收"，他们最终成功回到德国。"没有人期待我们能活着回来。"他们沿途经过的是一个动荡不安的世界：帝国纷纷倾覆，爆发了社会主义革命和争取民族独立、反对殖民统治的斗争，举目所及皆是饥馑、疫情和匮乏。

现在，凯绥·珂勒惠支在日记里写道，人们可以感受到一种"可怕的分裂了"。柏林天天都有集会，天天都有游行，天天都发生暴力。即便那些"伤残士兵"也带着伤，高举他们的诉求走上街头："我们要的不是怜悯，而是正义！"社会民主党濒临分裂。协约国拒绝让一个革命政府参与战后和谈，甚至不愿意在德国建立民选政府前向它输送食物。在情感上，珂勒惠支是站在共产主义者这边的，没有他们，战争就不会结束，皇帝也不会下台。和那些激进的左派人士一样，她希望革命能继续发展而不是停滞。但她的理智告诉她，德国就要崩溃了："现在必须压制他们（斯巴达克同盟），以便摆脱这场骚乱，这么做也是有一定道理的。"这样的想法让她不好受，那些人面对着枪口的威胁，为了反对战争、反对饥荒而斗争，现在她竟然站在他们的对立面。

圣诞夜那晚，瓦斯弹和机关枪袭击了柏林市中心。临时政府的军队和拥护革命的"人民海军师"（Volksmarinedivision）各有死伤，后者在前帝国皇宫和宫廷马厩筑起防御工事，以社会民主党人奥托·韦尔斯（Otto Wels）为人质。随后几天，斯巴达克同盟退出了人民全权代表委员会。12月29日，斯巴达克同盟和社会民主党同时举行游行，菩提树下大街附近全都是人。在拥挤中，珂勒惠支和丈夫走散了；她好不容易才从这些互相推搡、杀气腾腾的人群里脱身。

在这年的最后一天，珂勒惠支认真地总结道：至少全家又团聚了，至少那些没被战争夺走生命的亲人都安然无恙。只是，"和平依然没有到来。和平可能会变得很糟糕，但起码不会再有战争。现在发生的根本就是一场内战。"

1919年1月初，这位画家越来越担忧地看到，革命团体的相互龃龉自去年11月以来愈演愈烈。"柏林这里冲突四起"，珂勒惠支在她的日记里写道，接着，"电灯不亮了。自来水供应也将中断，因为自来水厂在举行罢工。我们只好把整个浴缸都装满水。"就在城市基础设施和人民日常生活供应均陷入瘫痪时，左派人士发动了进攻。他们要不惜一切代价阻止社会民主党的统治，创立社会主义性质的苏维埃共和国。

1月5日，汉斯从游行中归来，情绪激动的他气喘吁吁地说，游行结束时，社会民主党党报《前进报》的编辑部被占领了。它所存放的国民议会宣传材料被当街焚毁。社会民主党和自由团体的其他报刊也被左派人士控制，"只剩下《自由报》（Freiheit）和

《红旗报》(*Rote Fahne*)[1]"。临时政府只能向柏林人民发放传单，号召他们抵制左派人士。1月6日，珂勒惠支和丈夫卡尔参加保卫新生共和国的游行。又一次，夫妇俩在人群中失散了。晚些时候，精疲力竭的卡尔回到家，带来另一个令人吃惊的消息，"临时政府没有武器"，所有武器都被战胜国没收了。然而那晚响起了枪炮声。如果临时政府没有武器，那么是谁在开枪？汉斯现在又在哪里？

之后他们唯一的儿子回来了，情绪激动，虚脱，但没有受伤。他大声检讨自己，说他是否不该参加临时政府的军队。"我问他指的是否是开枪这件事，他说没错。"那晚，卡尔又去了街头，他看到警察局被左派人士包围。1月11日传来消息，《前进报》编辑部已被收复。珂勒惠支原本以为是临时政府的军队解救了他们。但她很快就发现，临时政府是借助了"波茨坦自由军团"（Freikorps Potsdam）的力量，它是一个由前线退伍士兵组成的准军事团体，使用火焰喷射器、迫击炮和机关枪等武器对付左派。那晚他们还替警察局解了围。珂勒惠支越来越不安："我很沮丧。尽管我赞成遏制斯巴达克同盟，但我感到很不安，自由军团被招来是要付出代价的，反动势力在蠢蠢欲动。野蛮的武力镇压、枪决革命同志，诸如此类的事实在骇人听闻。"隔天，反革命势力愈发猖狂。在布施马戏场举行的集会出现了黑白红的帝国国旗。人们唱着《万岁胜利者的桂冠》(*Heil Dir im Siegerkranz*) 和《德意志高于一切》(*Deutschland, Deutschland über alles*)。斯巴达克同盟起义期间，超

---

[1] 分别为德国独立社会民主党和德国共产党的党报。

过150人付出了生命的代价。

1月16日,眼看这次武装冲突一发不可收拾,一个更为震惊的消息传来:罗莎·卢森堡和卡尔·李卜克内西双双遇害。对珂勒惠支来说,这不啻一场"卑鄙的谋杀"。临时政府背后是否酝酿着不可告人的阴谋?

在这一背景下,1月19日所举行的国民议会选举——抵制它是斯巴达克同盟起义的首要目标——只是差强人意的慰藉。那天珂勒惠支也去投票了,这可是她生平第一次参与选举。临时政府赋予德国妇女选举权。"我曾经非常期待这一天,现在它到来了,我却犹豫不决、三心二意起来。比起投票支持社会民主党……其实我感觉自己更倾向左派。"

1月25日,李卜克内西和其他31名死者下葬。珂勒惠支要画下这位左派著名人物的遗容,一大早便赶去殡仪馆。"停尸房里,他躺在灵柩中,和其他棺材放在一起。额头上的伤口有红色鲜花围绕,神色傲然,嘴则微微张开,不无痛楚地扭曲着。一副略显惊讶的表情。"与此同时,街头聚集了一支庞大的游行队伍,朝着腓特烈海因的方向移动。在那里,望不到尽头的送殡群众随着李卜克内西的棺木前进。珂勒惠支待在家中,对李卜克内西的遗像素描进行加工。但卡尔和其他友人滔滔不绝地和她说起那些自发聚集起来的柏林人,抵达墓穴时还有那么多人,还说起李卜克内西的妻子因激动而晕倒。但他们也提到,这次游行沿途都有自由军团在监视。"这种做法是多么卑劣啊。柏林——绝大部分的柏林人——不过是让它的死难者入土为安,这可不是革命。即使在战争中，人们也会为了安葬死者而停火。刁难李卜克内西的送殡队伍是可耻的，真令人气愤。这也显示出临时政府的软弱，它不得不忍受这种事发生。"不过，凯绥·珂勒惠支也被迫认识到，如果没有自由军团的干预，她维持一个温和共和国的愿望就注定要落空。所以在某种程度上，她也参加了新生的德意志共和国和魔鬼签订的契约。

第四章 梦乡

战争摧毁了旧世界及其运作方式:所有领域都以个人为主。
新的艺术揭示了新的时代意识:个性和共性之间的平衡。
以个性为核心的传统、教条及其主导地位阻碍了新艺术的实现。

——皮特·蒙德里安,《"风格派"第一宣言》,1918 年从远处看，雾蒙蒙的纽约市区就像他老家的山。1919 年 5 月 22 日这天，艾文·C. 约克站在俄亥俄号战舰的甲板上，一颗想家的心剧烈跳动着。船离哈德逊河河口越近，曼哈顿直矗蓝天的高楼尖顶便越发清晰。他在一年多前离开，忍饥受冻，从炮火中幸存，回程又摊上一艘颠簸的大家伙，在海上苦不堪言。现在，港口就在眼前，他再也不想离开家乡的土地了。船经过自由岛，约克绿色的眼睛里出现了自由女神像。"看看我吧，老姐姐，"他在心里对她说，"把我好好瞧个够，因为你下次再想看到我，就得自己转个身了。"

抵达霍博肯码头时，田纳西同乡会的代表团已在那里迎接他，还有成群的摄影记者等着捕捉他的一个眼神、一次微笑或一个胜利的姿势。聚光灯又如轰炸般地来了，约克恼怒地想。还在法国时，他就不得不适应媒体的死缠烂打：毕竟福煦元帅可是亲自给他颁发了英勇十字勋章啊。那之后，约克获得前往巴黎的特别休假，观光客寻常会去的有名景点他都去了。他觉得法国的首都"相当有秩序"。但那些宽敞的马路走也走不完,而且看起来都一个样,害他总是迷路。

毫无心理准备的约克被塞进一辆黑色的豪华敞篷车,直接开进曼哈顿熙熙攘攘的城市街谷。交通是如此拥挤,车子只能以步行的速度前进,而且总是走走停停。无论到哪儿,人们都对约克报以热烈的掌声。似乎街上的每个人都认识他,抛给他数不尽的飞吻和鲜花。约克心想,难道每个士兵回到家乡都有这样的接待吗?他不知道,美国有多么需要他的故事,这个国家迫切渴望着一个像他这样的士兵,好在众多没有名字、没有面孔的死者里,打造出一个货真价实的英雄。

车子来到华尔道夫－阿斯托里亚酒店,这里单是大门让人见过就忘不了。穿制服的侍者领着约克穿过富丽堂皇的走廊,坐电梯来到一个有着许多房间的套房。他应该让自己好好休息一下,人们告诉他。他发现卧室里有一张巨大的双人床。

晚上,约克被接去参加一场宴会。会上有一些高级军官和政府官员致辞,他们的名字他一个也记不住。当人们开始用餐时,约克吃得尤其慢,如此他才能偷瞄邻座的人,弄清楚那些让人眼花缭乱的杯子、盘子和纯银餐具的使用顺序。别人对他的吹捧弄得他头晕。他更愿意待在有新鲜空气的地方,在路上溜达一圈。他可没料到当个战争英雄原来是这样的。

隔天,约克一大早就醒了,他偷偷溜出酒店走一走。军中的习惯,要改可没那么快!新鲜的空气和运动让他很舒服。不过吃早餐的时候他又被人包围。田纳西同乡会的代表来了,他们请他说说有什么愿望。他可以好好考虑一下，无论他要什么，他们都可以实现。约克认真思考着，大家则目不转睛地望着他，眼里充满期待。过了一会儿，他有了想法：他想和他的母亲通电话！一个酒店侍者立马冲去张罗，但帕默村老家那边无人接听。代表说，和母亲通话可不算什么愿望。要知道整个纽约都在他脚下。任何他朝思暮想、最荒诞不经的梦想，现在都能实现。约克绞尽脑汁。他又开始有点头晕，幸好最终他还是想到了：前些年开始，纽约成为世界最早兴建地铁的城市之一；任何人都会喜欢搭乘地铁这样的时髦交通工具，在城市的地底下穿行后再钻出地面，而他自己很早以前就想这么来一回了。代表们听了捧腹大笑，不过这好歹是他的愿望。他们给他要了一列专车，于是在这天剩下的时间里，约克就在曼哈顿的石子路面下漫游。

接下来的几天，还有更多折腾人的事在等待着约克。在华盛顿，他获得白宫和国会的接待。回到纽约，他又被招待去华尔街的证券交易所。在这样一个嘈杂拥挤的环境里要如何工作，他实在无法想象。后来，一些穿着名贵西装、抽着粗雪茄的人前来拜访他，想把他的故事搬上大银幕。他们在桌上放了大把大把的钞票，约克惊讶得说不出话来。一部电影是很重要，他干巴巴地说。是的，这会是一件好事，拍一部电影，让人们看看美国年轻人可以有什么样的成就。不，那些抽着雪茄的人说，不是这样的电影，我们要告诉观众的，是艾文·C. 约克在阿尔贡如何独自破获了一个德国机枪据点，并抓回了132名俘虏。但约克不想为这事拍电影，他宁愿赶快忘掉它。同样，他不会为报纸撰写任何相关文章，也不想在北美做巡回演出。"巡回演出"这个词，让约克想起他有次在剧院看到的杂技演员，他问这些人："穿着衬衫的我看起来难道不会很可笑吗？"他不想再和他们耗下去了。如果他们真的想为他做些好事，就该尽快让他回家。

战后的第一个春天，约克似乎是少数没有满怀憧憬的人。和约克不同，1919年2月到6月的日记、信件和回忆录大多弥漫着一种非比寻常的干劲。仿佛世界在经历了思想、生活尤其是艺术领域的严冬后，重新迎来温暖和光明，燃起了保罗·克利在画里所描绘的那种耀眼无比、转瞬即逝的彗星光芒。对许多士兵来说，这段日子是他们结束军旅生活、和家人团聚的过程，他们和老百姓一样，重拾对有序生活和衣食无忧的希望。尽管战后的这个春天有着种种苦难、剧变和不确定性，许多人仍能大胆想象另一种可能，勾勒属于自己的更好的未来。尝遍了黑暗和挫折的滋味后，他们有权享有对光明和成功的美好幻想。普通人如此，大人物亦然：1919年1月，在巴黎这座盛大的政治舞台上展开了战后和谈。各国外交家齐聚于此，所探讨的无非是一种新的世界秩序。所有与会者都感到，这一谈判说不定要持续一整年。一切皆有可能。到最后，欧洲真的能重生吗？世界真的会改头换面吗？

停战以来，纽约一刻不停地接待着如潮水般涌来的归国士兵。整个冬天，在隔着哈德逊河与曼哈顿相望的霍博肯港口，莫伊娜·迈克尔看到有数不清的船只停靠，并把一批又一批面色晦暗、疲倦不堪的男人带到这座城市。1918年的圣诞节，莫伊娜就站在港口挥手示意的人群中，自豪地看着胜利归来的美国军舰排好队形，沿着哈德逊河溯流而上。

这位来自佐治亚州的女教师仍在哥伦比亚大学的校舍里为基督教女青年会工作。一批又一批的男女青年在此受训，然后被送往大西洋对岸，支援军队遣返的后勤工作。但越来越多的士兵来了纽约，无论他们是在此中转、等候复员安排还是在医院滞留，大西洋这边都需要更多的人手来应付。对莫伊娜·迈克尔来说，这场此前还发生在远处的战争，现在就近在眼前。

身为佐治亚州公民和佐治亚同乡会的成员，莫伊娜在圣诞节前夕着手照顾那些来自她南部家乡的伤残军人。由于他们只能在远离亲人的地方独自过节，同乡会为他们准备了圣诞礼物。莫伊娜·迈克尔共给9家医院带去了45个圣诞包裹。她走访的第一个病人叫汤姆·洛特，是一名来自佐治亚州梅斯维尔的黑人士兵。他髋部以下的一条腿完全截肢，但还能撑着拐杖，一瘸一拐地走到房间门口。莫伊娜·迈克尔递过礼物和鲜花，告诉汤姆佐治亚州为他感到骄傲。他脸上泛着光彩，把花别在衣服领子上，带她参观病房。这一刻很是幸福。但拜访完单子上的所有人后，莫伊娜·迈克尔意识到，这些身体和精神严重受创的士兵——其中绝大部分都无望找到一份有薪水的工作——将很长时间甚至在余下的生命里都需要援助。但经过战时的齐心协力后，美国人现在又恢复到自顾自的小日子去了。她绝不能让这些为国家赔上自己一生的人被抛下。

这一体会,让莫伊娜·迈克尔更加致力于她对"国殇虞美人花"的传播,它这时已占去她相当一部分的工作时间。停战当天,她约了哥伦比亚大学新闻学院院长塔尔科特·威廉姆斯(Talcott Williams)见面。办公室窗前,外头庆祝人潮源源不断地经过,这时莫伊娜向塔尔科特细细讲述了自己的想法,那位银发老人立即产生兴趣。当天他便联络了一些有影响力的人,并给报纸写信,请他们采访莫伊娜·迈克尔。她明白,要实现她的梦想,在全国范围内发起对死者的追忆,并解决伤残军人的需求问题,没有比媒体更重要的工具了。

与此同时,她给全国各地的朋友写信,请求他们协助她推广虞美人花的象征意义。通过一个熟人,她甚至给美国国防部去信表达她的请求。她接到许多热心的回复,其中有些人答应她,至少会在一些与战争有关的集会上使用红色虞美人花。不过,要使这一全新主张真正成立,莫伊娜·迈克尔必须同时考虑它在物质层面的问题。当美国社会在事实上接受了这一象征,那么到时需要的就不仅是一次广泛的宣传,还必须制作出成千上万甚至是数百万朵的红色虞美人花。而且,如果她想要帮助残疾军人,就必须找到一种具体的方法来筹集资金,譬如用"弗兰德斯战场上的红色虞美人花"注册商标。

由于没有任何生意经验,莫伊娜·迈克尔要物色一个合作伙伴,最终她选择了设计师李·基迪克(Lee Keedick)。双方于1918年12月签订合同,其中,基迪克负责设计带有虞美人花和火炬的徽章、饰针及旗帜,使其能够批量生产并在全国范围内推广。基迪克认为保证其作品在其他国家的合法权益也很重要。莫伊娜·迈克尔必须付给他100美元的预付款,她从朋友那里借到了这笔钱。按照合同规定,到1919年4月时,宣传活动应已全面展开,同时他们要知会媒体,并给各地俱乐部、妇女协会、爱国组织、教会、大学及重要政治人物寄去各种样品。

2月14日,激动人心的一刻终于到来:李·基迪克所设计的作品——一个由虞美人花环绕的火炬——在纽约首次公开亮相。纽约航空协会(Aviation Society of New York)请到了加拿大的王牌飞行员、多伦多人威廉·毕晓普(William Bishop)来做演讲,题目是"弗兰德斯战场的空战"。讲台和观众大厅都装饰了红色的虞美人花。图片演示结束时,大厅后面的墙壁上挂出一幅巨大的横幅,上面便是虞美人花的火炬。之后,加拿大诗人詹姆斯·赫伦(James Heron)解释了这一图标的意义,并朗诵他的同胞约翰·麦克雷的作品《在弗兰德斯战场上》——别忘了,就是这首诗激发了莫伊娜·迈克尔和她的诗歌《我们应该坚持信念》(We Shall Keep the Faith)。活动后的媒体反响相当不错。不过,莫伊娜·迈克尔已在两个多礼拜前回了老家,再次担任一所女子学院的舍监。此外,她也重新展开她在佐治亚大学的教学工作。1919年夏天,她给数百名来到大学附属医院进行康复的退伍士兵开设了专题研讨课。看来,她终于实现了让鲜花在坟头自由绽放的梦想。

就在此前不到一周,1919年2月9日,"哈莱姆地狱战士"

也迎来凯旋的一刻。许多人的家属得以搭船驶出纽约港口，好在他们抵达时离得更近。不过，士兵们不能马上回到家人身边，他们必须待在阿普顿安置营，为最终退役经历一番漫长痛苦的等待。打从哈莱姆地狱战士从莱茵河撤到布列斯特——他们的船将在那里启程开往美国——他们的主要话题便是胜利游行。按照他们的想象，哈莱姆黑人士兵的伟大成就将在一场穿越纽约街头的游行中达到顶峰，画上完美的句点。他们在战争中经历的一切危险、辛劳、苦难和歧视，在这欢欣鼓舞的时刻都可以一笔勾销了。1917年阅兵时，他们被排除在外；而今，耻辱必得洗刷。全新的生活即将开始，这是他们通过战争为自己争取来的。

亚瑟·利特尔身边的军官很快察觉到，对胜利游行的憧憬具有约束作用。任何人如果不服从指挥，就会遭到从游行中除名的威胁。事实也证明这一威胁非常管用。不过话说回来，美国真的会让这些黑人士兵享受到他们应得的待遇吗？

离开法国之前，在最后的驻扎地布列斯特，亚瑟·利特尔对此产生了怀疑。从美国宪兵在那里对待他们的方式可以看出，并非所有美国人都为哈莱姆地狱战士的成就以及法国授予他们的荣耀感到高兴。利特尔听说，一名宪兵野蛮地打伤了一名黑人士兵，只因后者向他问路。利特尔为此质问那名宪兵，对方说是那个黑人没有耐心，问路时打断了军官们的对话。利特尔继续追问，宪兵才承认这是上级的命令。人们早就听说"黑鬼们"太过洋洋得意了，宪兵应该给他们"泄泄气"，这样以后就不会有麻烦。这一事件挑起的争端还没完。不久，宪兵队的人来找利特尔投诉黑人士兵侮辱了宪兵,说他们扯着嗓子向宪兵挑衅道:"是谁打赢了战争?"亚瑟·利特尔没理会他们。其实,这是哈莱姆地狱战士自开进莱茵河以来的某种助威口号。但他们并非自我吹嘘,而是在和所有对胜利做出贡献的人庆祝胜利。碰到其他部队时,他们会高喊:"是谁打赢了战争?"然后自问自答,把对方也包括进来:"是我们和××部队打赢了战争!"

1919年2月17日,疑问有了答案。哈莱姆地狱战士在曼哈顿23街以北的麦迪逊大道集结。11点钟时,消息传来,纽约的名流们已经各就各位。于是部队排成宽广的四角队形,这是他们从法国人那里学来的方阵。军官各自立于自己部队前方。领头的则是詹姆斯·里斯·欧罗巴率领的军乐队。当"前进!"的命令下达,乐队便开始奏乐。欧罗巴的乐队现在已扩充到90人,但即使如此,他们的演奏也不敌曼哈顿街头的热烈掌声。纽约人给予他们盛情接待,甚至有慷慨的赞助者给每一位士兵都准备了点心。利特尔说,在1919年2月17日这一天,"纽约人眼里没有肤色之别"。

地狱战士行进到他们的哈莱姆区时,此次游行最感人的部分这才开始。指挥官命令部队由方阵改为纵队,好让每一位士兵都能接受自己亲朋好友和邻居的注目和祝福。乐队奏起拉格泰姆乐曲《我老爹现在来了!》(Here comes my daddy now!),游行队伍在最后一英里的路上挥手欢笑,载歌载舞。当母亲发现她们的儿子,妻子认出她们的丈夫,纷纷冲进队伍拥抱他们时,军队的纪律为巨大的喜悦所折服。最终,欢呼、鲜花和拥吻消解了原本齐整的队形,许多士兵怀里都有佳人依偎。

此次战争唯一的黑人战争英雄亨利·约翰逊,则搭乘一辆敞篷车参加游行。由于在那场一夫当关的战斗里负伤累累,约翰逊的身体依然十分虚弱。他大腿和双脚的骨头严重受损,医生都不能肯定他是否还有放下拐杖的一天。但约翰逊一再从车上撑起身来,和蔼地向人群挥手,仿佛这场游行是为他一人而设。他容光焕发,似乎想向欢欣鼓舞的群众高呼:是谁打赢了战争?是我亨利·约翰逊打赢了战争!

哈里·S. 杜鲁门直到1919年4月才抵达纽约,他搭乘的齐柏林号曾是德国的客轮,战后被征用为遣返美国军队的运兵船。当它驶入港口时,纽约市长亲自坐着一艘小船前来迎接,船上还有乐队演奏着乐曲《甜蜜的家》(*Home Sweet Home*)。熟悉的调子从水上飘送过来,再坚强的士兵也泪水盈眶。他们一下船就被前来慰问的慈善组织包围:"犹太人送给我们手帕,基督教女青年会送巧克力,哥伦布骑士会送香烟,红十字会是自己做的蛋糕,而救世军——上帝保佑他们——提供了免费接收电报服务,还给我们用巧克力做的复活节彩蛋。"栈桥上另有给他们专设的餐点,在船上大部分时间都晕船的杜鲁门足足吃了三人份的食物。他和部属被领到米尔斯安置营,继续享受热情的款待:他们好好洗了个澡,人们送来新衣服,在食堂给他们备好了餐点。美味的果汁冰淇淋装在巨大的桶子里,他们吃了一球又一球,把肚子塞得满满的。

还在法国时,杜鲁门就曾给他亲爱的贝丝写信说,战争结束可不利于他保持身材。开船前无所事事的漫长等待,还有在巴黎、尼斯和蒙特卡罗的短暂休假,都让他此前由于战事而消瘦的臀部膨胀得尤其明显:"我越来越重了(其实我应该说越来越肥)。"体重多了40磅,他的制服紧得就像香肠的外衣。贝丝若是看到他肥胖的屁股和双下巴,还会继续爱着他吗?

在长达数月的等待中,他无时无刻不想着他的贝丝。只有和她在一起,他才愿意去设想他在信中反复描绘的那种未来:没有大起大落的小康生活,那是一个男人最大的幸福。他会娶到世界上最好的女人,一切喜怒哀乐都能和她分享。他会驾驶一辆福特走遍美国,也许还有法国;此外,做一点和政治相关的工作,时不时去参加晚宴。他还计划向军队买下一架他曾用来炮轰"匈人"的大炮。他会把它放在自己房子前面的花园里,让它在那里静静生锈。再也不对别人开火,这是他给自己许下的和平承诺。

杜鲁门常常想象着他与贝丝手牵手来到圣坛前的那一刻——但醒来时,他还是待在凡尔登附近的泥沼里。一有空他就给贝丝写信。他热烈地追求她,讨好她,缠着她给他写信,只要她的回信不够频繁,他就抱怨连连。在战后这段难以忍受的过渡阶段里,她是他的精神支柱;在他左边的上衣口袋里,总是装着她的照片。

同时,杜鲁门也担心,贝丝可能会在这漫长分别的最后关头失去耐心。或者更糟,在他挺过了无数死亡威胁后,现在不测风云降临到她头上。杜鲁门听说,可怕的西班牙流感这时也给美国带来灾难性的影响。致命的病毒让许多战友失去了家人和挚爱。"看来战争和瘟疫总是结伴而行。如果不是黑死病,也会有其他相似的灾难。在这里,你会听到成百上千的俄罗斯人死于物质匮乏,而那些该死的匈人一言不合就自相残杀。看来还要等上很长一段时间，才能迎来像1914年之前10年那样健全、和平、繁荣的黄金时代。"

有一次，贝丝较长时间没来信，杜鲁门开始胡思乱想。他未来生活的女主人是否没有告诉他，她家已经发生流感病例？之后的几封信给他带来坏消息：贝丝发烧了，卧病在床。即使后来他知道她的病情已有好转，他的心情也难以平复。在那几周，杜鲁门感觉到他所期盼的一点小运气有多么脆弱。现在回到纽约，他的梦想看似就要实现。杜鲁门相信，当大把的钱不再用于军备而是涌向消费，战后的美国经济一定会繁荣起来。如此乐观的预测便是他打造幸福生活的基础。他怎会料到这一繁荣只是虚有其表？

1919年2月，鲁道夫·赫斯在数月的艰难跋涉后终于回到曼海姆。他还在军中时，母亲在父亲身后也很快过世了。母亲给他留了一封信，提醒他父亲生前的愿望，让他务必成为一名神职人员。赫斯到家后，成为他监护人的叔叔以及其他亲戚便催他立刻去神学院报到。父母建立的家已经被亲戚瓜分，妹妹们被送去了修女学校。"现在我才真正感到失去母亲的痛苦，我已经没有家了！无依无靠，只有我自己。"

叔叔坚持必须实现父亲的遗愿，否则他是不会交出遗产的。但赫斯在战时已对神职人员的工作有所怀疑，他决不屈从家人的意志。于是，他把自己的那份遗产让给妹妹，由一位公证员记录了这一决定。"我有能力在这个世界独自求生。"

鲁道夫·赫斯很快前往帝国东部,在那里,格哈德·罗斯巴赫(Gerhard Roßbach)中尉成立了"志愿机枪连"。这支自由军团在1919年初归属于"临时国防军"(Vorläufigen Reichswehr),负责保卫德国东部边界的安全。自由军团的士兵认为德国战败是因为被出卖,他们只把临时政府看作一种过渡,并继续保持武装,等待复仇的时刻到来。

加入罗斯巴赫的自由军团后,赫斯的问题似乎一下子全解决了:他现在有工作,有薪饷,又有了一个值得他敬仰追随的长官,一种几乎和宗教信仰一样坚定不移的政治信念,以及"一个家,由战友之间相互支持而筑成的庇护所。真是奇怪,像我这样性格孤僻、必须独自面对所有心事和烦恼的人,却总是为这种兄弟情谊、这种在患难危急中人对人的绝对信赖关系所吸引"。

弗吉尼亚·伍尔夫的1919年,是以下颚的剧烈阵痛开始的。她拔了一颗牙,之后便头疼得厉害,提不起劲,不得不卧床休息了两周,"一次漫长的折磨,反反复复,就像1月里的雾"。到了1月底,她终于能够起身了,伦纳德也只允许她每天写作一小时。但即使是这么少的时间,她仍感到使用打字机很是吃力,因为她右手肌肉抽筋,僵硬得就像"佣人的手"。"奇怪的是,我在遣词造句上也同样生硬。"她自嘲地写道。

伦纳德并没有把写日记包括在她的一小时工作时间里,而且他也不是经常在家,因此伍尔夫不必总是一丝不苟地遵守他的规定。她进行文学创作和评论时使用打字机,写日记就用钢笔。因此日记毫不呆板和阻滞，行文以"大胆奔放"的风格一气呵成。虽说行云流水的字母造成了一些不恰当的表达，一如"鹅卵石路上令人不适的颠簸"，她也认为这是好事；有些东西，如果她稍有停顿或给予琢磨，绝对经不起她理智的推敲。对伍尔夫来说，这种不经审查的观察正如"灰烬下的钻石"，同样具有无法衡量的未知价值。

不过，1918 到 1919 年的冬天实在乏善可陈，只有一些亲友聚会，以及雇人的困难，和没完没了的罢工浪潮所造成的影响，在作家眼里，后者让英国人 1919 年的生活比战时更为不便。"如果我是画家，我只需要一支蘸着灰褐色颜料的画笔就能描绘这 11 天里的色调。我会把它均匀地涂抹在整块画布上。但画家的敏感没有了；过去画的表面下有光点和阴影，现在，它们大概再也找不到了。"

事实上，在表面单调的生活底下正起着变化。战后的这个冬天，伍尔夫踏上一条充满未知的道路，她只能隐约预测未来的方向。1919 年 4 月，她在《泰晤士报》文学副刊上发表了文章《现代小说》(*Modern Novels*)，其中便包括她对未来的思考。她尖锐地批评同时代的英国作家是"物质主义者"，他们注重对人物的外在描写和一脉相承的叙事传统。"生活不是一系列对称的车灯，而是一圈光晕，一个半透明的罩子，它包围着我们，从意识开始直到意识终结。表达这种变化多端的、未知的、不受限制的精神（无论它表现出何种反常或复杂性），尽可能少混杂外部的东西，这难道不是小说家的任务吗？"[1]她认为,作家应该服从他笔下人物的独特意识,不必畏惧细腻的心理描写。不久之前她还拒绝出版詹姆斯·乔伊斯的作品,现在她则将他视作英语文学里描绘人类意识的典范。

在小说《墙上的斑点》以及 1919 年自出版的《邱园记事》(*Kew Gardens*)中,人们可以看到弗吉尼亚·伍尔夫这一理念的初步成形。不过,她的领悟会引起别人的兴趣吗？就算她能够做到把真实生活付诸文字,又有什么不同？她的小说就像一个精神分析学家对主人公在沙发上发散思绪的忠实记录,读者会注意到这样的小说吗？

直到目前,伍尔夫还只能靠写文学评论来维持生活,一旦她能找到更好的挣钱方式,就可以摆脱这一工作了。通过一位朋友,她联系上了颇有声望的文学杂志《雅典娜》(*The Athenaeum*)。首次拜访时,伍尔夫和文学编辑玛丽·艾格尼丝·汉密尔顿(Mary Agnes Hamilton)一起喝茶,后者一定要伍尔夫称她为"莫莉"。伍尔夫明显感到自己各方面都和这位精力充沛的女士格格不入:"她能像男人一样思考,拥有让人信服的强大理智,还过着独立自主的生活。"不过,看到编辑桌上堆满文稿,听着办公室里的文学界八卦,被人细细追问写作计划,这多少让自己有了"些许专业人士的感觉"。

---

[1] 此处译文引自弗吉尼亚·伍尔夫著,《普通读者》,马爱新译,人民文学出版社 2013 年版,第 178 页。

3月，伍尔夫完成了她自1916年开始创作的小说《夜与日》。书稿寄给杰拉尔德·达克沃斯[1]的出版社之前，还有"令人厌烦的琐碎修改"。"不过我得说，尽管天空污浊得和人们洗过手的水一样，窗边仍然有鸟儿在热情地唱着动人的歌。今天我们散步的路上有杏花盛开。离水仙花绽放的日子也不远了。"在《夜与日》出版前的几个月里，伍尔夫总是坐立不安。整整两个早上和晚上，当伦纳德通读小说手稿的时候，焦虑的伍尔夫会溜到丈夫身边，偷偷打量他，猜测他的反应。等他终于读完并表示赞许，她心中的石头才算落了地。直到这时，她才对这本书有所期待，认为它能够从同时代其他泛泛的文学作品里脱颖而出。不过她也感到不能让自己太乐观："我肯定不期待它能再版。"

《夜与日》描述的是两对生活在战前英国沉默和僵化社会氛围中的情侣。伦纳德认为她的书太过压抑，她反驳说："当你谈论的是一般意义上的人时，你会想到什么？人的忧愁是避免不了的。我不是说应该绝望——只是发生的一切太出乎意料；正因为不满足已有的答案，才必须去探索新的解答；这个过程是悲伤的，人们抛弃旧有的一切，却完全不确定取代它的会是什么。"

在弗吉尼亚·伍尔夫看来，写作最大的不合理之处，就是它如此依赖他人的称赞。"如果没得到表扬，我很难一早就起来写作。"她渴望自己能摆脱别人翻来覆去的建议，摆脱那些标准可疑

---

[1] 杰拉尔德·达克沃斯（Gerald Duckworth，1870—1937），英国出版家，弗吉尼亚·伍尔夫的同母异父兄弟，1898年创办以自己名字命名的出版社。

的恭维、随意臧否她的文学主张和可能不太明显的写作意图，摆脱对别人不置可否时的焦虑。这样她才能专注于"事实的核心"，即"艺术赋予我自身的乐趣"！

1919年圣灵降临节，伍尔夫夫妇从阿希姆[1]春游回来，发现他们门厅的桌上堆满了信件。夫妻俩非常诧异，他们把来信一封封拆开，全是对《邱园记事》的订单。雪花般的信把沙发都淹没了，在处理它们时，两人不得不一再停下来喘口气。《泰晤士报》文学副刊上一篇充满溢美之词的书评引发了读者的兴趣。那晚，伍尔夫夫妇先是满心欢喜，最后却大吵一架。因为两人"涌上心头的是两股彼此对立的激动"。大概是伦纳德表现得有一点酸唧唧的，而"10天前"就已经准备好面对"彻底失败"的伍尔夫现在踌躇满志，容不得别人往她期待已久的成就上泼冷水。夫妻俩拌嘴的同时还要手工制作出90本《邱园记事》，这可不是件易事。他们要"裁剪封皮，印上书名，装订书脊，最后还要打包寄出"。不过，"这些天里成就感扑面而来！"这种美好的感觉如果能维持下去，定时定量地"来上一小口"就好了！因为"喜悦很快就会淡去"，也因为"成就不易长存"。她接下来出版的小说是会继续啜饮成就的香槟，还是吞下失败的苦酒？

1919年3月，特伦斯·麦克史威尼获释。他还没有服完刑期，但当局发现他的妻子染上流感、性命垂危，这位抵抗人士方得以

---

1 Asham，伍尔夫夫妇自1912年起度假的房子。

回家。坐牢令他广受人们尊敬，至少在起义人士中间以及爱尔兰议会里都是如此。

回科克没多久，麦克史威尼便前往都柏林，参加4月1日爱尔兰议会召开的会议。这是他作为议员代表首次与会。会议采取了最严格的安全戒备。尽管仍旧没有获得英国政府的承认，这些自由斗士却感到，他们比以往任何时候都更接近实现爱尔兰独立的梦想。

特伦斯·麦克史威尼对参与议会讨论相当热心，不过他投入最多心血的还是爱尔兰共和国——它还没有成为事实上的独立国家——的经济事务。他与"财政部长"迈克尔·柯林斯（Michael Collins）共同组织了一次规模浩大的募捐活动，为未来的爱尔兰共和国筹措资金。募捐活动不仅在爱尔兰举行，还应该包括北美大陆，那里自19世纪以来就拥有许多爱尔兰移民。在他所负责的科克，特伦斯·麦克史威尼组织得相当严密和谨慎。只有他和他最信任的同志知道当地5个主要行政区的负责人是谁，那5人彼此之间互不联系。再往下也以同样的方法运作，好让警方很难一举破获整个地下网络。都柏林将印制一本给潜在捐款者的小册子，阐述这次捐款会用于哪些公共事业：国家机构的成立；能够提供工作机会、阻止人口外流的地方建设；植树造林，增加爱尔兰森林的覆盖率；促进爱尔兰的工业和远洋渔业。用一句话概括，就是增强爱尔兰的物质和精神实力。有理有据地打好群众基础后，募捐人员这才挨家挨户拜访，征集资金和贵重物品。

英国警察则阴魂不散，对麦克史威尼和他的伙伴跟得越来越紧。好几次，麦克史威尼都遭遇搜身，所幸他足够谨慎，没有随身携带任何可疑的材料。1919年下半年，麦克史威尼一家搬入新房，但他们的乔迁之喜只维持了很短的时间。"'老朋友'如影随形，"他给一个朋友写信说，"我们不得不在圣诞节前再次搬家。这些'老朋友'实在盛情难却，他们好几人跟踪我到了以前的房子，还屡次请我去海峡另一边'度假'。只是这5年来我已经享受太多次这种形式的'假期'了，这一次我恐怕得婉拒他们。"

尽管阻力重重，到1920年初，麦克史威尼已筹到价值超过5000镑的纸币和黄金，它们将被送往都柏林。这次行动总体来说非常成功，让"财政部长"迈克尔·柯林斯开始酝酿在爱尔兰成立一种地下的征税制度。如此，爱尔兰共和国的雏形已然可见——只是一场无情的斗争就要展开，最血腥的时刻将很快来到。

1919年3月30日，甘地在印度发起全面罢工。先是德里的生产活动陷入瘫痪。印度教教徒和穆斯林放下手头的工作，来到市中心参加声势浩大的示威游行。"这一切超过当局的容忍极限。游行队伍前往火车站时被警察拦截，后者开枪造成死伤。统治者展开全面镇压。"数日后，拉合尔和阿姆利则也爆发了大规模示威行动，后者情况尤其严重。当地的英国统治者认为群众骚乱愈演愈烈，有必要杀一儆百。1919年4月13日，大批民众在阿姆利则的札连瓦拉园集结。英国指挥官雷金纳德·戴尔（Reginald Dyer）认为一场大规模骚乱就要爆发，遂命令部队向人群扫射。由于该园四处设有围墙，无路可逃，数百人死于英军的枪口下。

此前几天，甘地在孟买目睹了局势的升级。4月6日，孟买的示威群众先是在海边沐浴，然后结队游行到市中心的马达夫巴格花园。甘地在附近的清真寺发表了演说。作为公民不服从的举措，他印刷了两本为殖民当局禁止出版的著作，现在公开发售。当晚甘地来到孟买街头，亲自兜售这两本禁书。许多过路人慷慨解囊，付的钱远高于甘地的定价，所有敢于购买的人都在那一刻战胜了对被捕的恐惧。英国当局并没有干预，但隔天晚上，甘地听到传言，说当局已经准备好要逮捕他。他在前往德里和阿姆利则的路上接到官方的书面通知，命令他不得进入旁遮普。警察在下一站逮捕了他，私下将他带回孟买。刚回到那儿，甘地便看到南城有一大批人聚集。人们认出了甘地，向他大声欢呼，却被一排骑马的警察拦住。他们纵马闯入示威队伍中，用手中的长矛鞭打人们。甘地勉强没被打到，惊恐的人群则四散逃亡。"一些人被践踏倒地，另一些人严重受伤"，但警察仍然继续使用暴力在密集的人群里开路。本来以为可以实现和平抵制殖民统治的梦想，却转眼变成噩梦一场。这个世界真的会有不流血的非暴力革命吗？

基于先锋艺术家眼中再正常不过的性幻想甚至春梦，乔治·格罗茨策划了一次狂欢之夜。他的好友、摄影师欧文·布鲁门菲尔德（Erwin Blumenfeld）从父母的地窖里偷了60瓶葡萄酒。格罗茨制作了一张海报，上面写着："欢迎社会上身材姣好、对电影拥有天赋的年轻女士前来参加画家格罗茨的工作室聚会，晚上8点，奥利维尔广场4号，请着晚礼服！"格罗茨和布鲁门菲尔德把海报挂在身上,神气活现地在选帝侯大街上当起"三明治人"。活动非常成功。那晚来了11位男士,全是格罗茨的艺术家朋友,还有50多位兴奋的年轻女士——一个个都期待自己被发掘为电影明星。人实在太多,工作室的大门很快就不让进了。格罗茨为了调动气氛,让所有客人脱掉他们的衣服。但男人们躲进厨房,决定什么也不脱。等到厨房的门再度打开时,那些未来的女明星已经脱得一丝不挂,于是"狂欢会"开始了。布鲁门菲尔德后来写道:"所有人都喝得酩酊大醉,空酒瓶穿过工作室的玻璃窗户被扔到街上。东西被砸碎,人们大喊大叫,吵成一团。所有人都纵情狂欢,而格罗茨则和一位叫玛萨·贝多芬的女士在工作室中间的躺椅上鬼混,最后染得一身性病。"两天后,布鲁门菲尔德才在格罗茨的浴缸里清醒过来,浑身冻僵,身上的蓝色礼服不翼而飞,肯定是被人扒了。

"那几年很荒唐。"乔治·格罗茨如此概括战后的柏林。一切礼法规矩似乎都消失了。"一股浊流席卷了这个国家,到处充斥着伤风败俗的行为,色情和卖淫如同家常便饭。'我才不在乎呢,'有人会说,'我好不容易可以给自己找点乐子。'"但事实上,这个时代"欲振乏力,让人一点也提不起劲"。只有浮华的夜生活和艺术看似更加灿烂夺目,底下暗中涌动的是饥馑、破坏和暴力。敏感的格罗茨记录下他同时代人无所忌惮的侵略性。当萨克斯风和班卓琴进入柏林的夜总会,人们的肉体随着"西迷舞"(Shimmy)充满性暗示地扭动,政治两极化的冲突也愈演愈烈:"外面有一群穿白衬衫的男人走过,他们一个劲儿地唱着:'德国觉醒!犹大没命！'他们身后是另一批人，同样是四个一排齐步走，喊着整齐的口号：'莫斯科万岁！莫斯科万岁！'之后地上总是躺满受伤的人，头被打破，腿被打断，偶尔还有肚子上中枪的。"

侵略性和暴力一直都是格罗茨艺术的主题。走向共和并不意味着新的开始，在这方面，周遭世界给他提供了大量例证。身处战败、动荡、充满愤恨情绪和普遍骚乱的德国，格罗茨和他的艺术家朋友频频聚在酒馆和小剧场。观众付一些马克作入场费，就可以让演员告诉他们"何为真相"。所谓的"真相"通常都是一大串龌龊字眼，劈头盖脸地冲着观众而来："坐在前排的这坨屎——就是您，坐在那里拿着伞的那位，您这个没脑子的蠢货。"或是："不要笑，您这个笨蛋……"这种打破禁忌的做法让观众笑得直不起身。即使在台上，演员也毫不忸怩作态。当一些演员喝得烂醉时，现场就更是闹翻了天。"我们是彻头彻尾的虚无主义，我们的口号是无，是真空，是烂窟窿……我们嘲笑一切，对我们来说没有什么是神圣的，我们朝所有东西吐唾沫，这就是达达（Dada）。"

达达的演出节目千奇百怪，比如它举办了一场"6台打字机和6台缝纫机的赛跑，还有说脏话大赛"，结果演变成混战。达达主义的艺术家对"达达"是什么进行了激烈的争论。这一新艺术流派的主要骨干都有着响亮的头衔，比如"最高达达"（Oberdada）、"宣传达达"（Propagandada）或是"达达外交官"（Dada-Diplomat），他们花了不少精力来阐释何为达达这一根本问题。"达达"是一种"垃圾桶的艺术（或说哲学）"，就像库尔特·施维特斯（Kurt Schwitters）用废弃物和广告传单创作的拼贴集合"梅尔兹艺术"

（Merzkunst）所倡导的那样？即便是《达达集》（Dadacon）这部由大量剪报组成、号称达达运动《圣经》的巨作，也无法就这一问题给出最终答复。斯巴达克同盟起义后没几天，一份名叫《每个人都是他自己的足球》（Jedermann sein eigener Fußball）的杂志创刊，它可谓柏林达达的代表刊物。创刊号刊载了沃尔特·梅林斯（Walter Mehrings）的诗《三女之家的性交》（Der Coitus im Dreimäderlhaus），其高潮是对爱国歌曲《守望莱茵河》（Die Wacht am Rhein）的戏仿："一生怒吼如雷响／宝剑出鞘滔天浪／一个德意志女人，一个德意志醉鬼，／啊，夫君来脱我衣裳！"此诗刊出后，诗人不得不上法庭为自己辩护，这本刚成立的杂志只出了一期就被停刊。

1919年，马塞尔·杜尚（Marcel Duchamp）从纽约返回巴黎，通过他的"现成品"系列（Ready-mades）丰富了达达主义运动。装瓶架、自行车轮、小便池，这些日常生活的现成物品构成了他的雕塑。在巴黎，正值列奥纳多·达·芬奇逝世400周年之际，他重新制作了达·芬奇的经典名作《蒙娜丽莎》，给这位带有谜一般微笑的女士加了一撇小胡子和山羊胡。通过这种破坏式的恶搞，杜尚嘲弄艺术的教条和神圣，也让人思考男性气质与女性气质这一难题。为此，他还化名罗丝·瑟拉薇（Rose Sélavy），谐音为"情欲就是人生"（Éros c'est la vie），并拍了一张男扮女装的照片。"有胡子的蒙娜丽莎"被他命名为《L.H.O.O.Q.》，读音近似法语的"她屁股很热"（Elle a chaud au cul）。在一次访谈中，杜尚亲自解释了标题的意思是"下面情欲焚烧"。不过，达达不只是对传统和教条的嘲弄或对世俗道德的挑衅，它也是达达主义者对同时代革命运动的戏仿，即使他们肆无忌惮的行为也源于一股相似的解放冲动。达达主义者非常清楚他们要摆脱什么，但至于他们要争取什么，就很难说得清了：是艺术表达的自由，还是解放人类的欲望和混乱天性？这些或许不足以撑起一个新社会，然而对达达主义者来说，在战争强行压制了个人主义多年后，能够夺回自主权并有所消遣，已是值得奋斗的目标。

1919年2月6日本该是凯绥·珂勒惠支儿子彼得23岁的生日。前一晚，她已梦到这一天的来临，回忆起许多往事。珂勒惠支取出一些战争期间的素描，打算把它们制成石版画。其中有一幅是她抱着自己的孩子。母亲用保护的姿态搂着彼得和汉斯。它的表现手法是朴素的，不加任何渲染，感情十分真挚。就在珂勒惠支制作石版画时，柏林又爆发了流血事件，人们仍在失去他们的父亲和儿子。

退役后，理夏德·施通普夫回到家乡纽伦堡。战后的经济形势极为恶劣，他既不可能重新干回水管工的老本行，也找不到新的工作，于是从军6年的施通普夫加入了人数不断攀升的失业大军。1919年4月7日，慕尼黑宣布成立苏维埃共和国，施通普夫感到自己有义务抵制它。从一开始，他对德国发生的革命便充满矛盾情绪：革命本身令他丧失了作为军人的荣誉感，而对于像他这样为祖国献身的人，新政府所给予的回馈又实在太少。

施通普夫加入一支自由军团，前往慕尼黑与巴伐利亚苏维埃共和国作战。1919年5月的第一天，政府军和从德国各地赶来的自由军团就战胜了苏维埃共和国的拥护者。施通普夫亲眼见到，胜利的反革命人士对付他们所认定的"斯巴达克同盟成员"是何等的残酷。5月6日那天，慕尼黑圣约瑟夫教区的天主教青年工人协会成员在马克斯城区的俱乐部聚会，因被怀疑与斯巴达克同盟有染而遭到自由军团逮捕，并被迫在大街上罚站示众。他们大喊无辜，但自由军团的指挥官冯·阿尔特－施图特海姆（von Alt-Stutterheim）不予理会，说他们破坏了禁止聚会的规定。其中7人未经任何审判便在卡洛琳广场附近的一个后院里被枪决，其他人则被带到一个地窖。在那里，喝醉的士兵肆意虐待他们，造成14人死亡。死者身上的财物被劫掠一空，还有2个醉醺醺的士兵在面目全非的尸体旁边跳起了印第安人的胜利舞蹈。这次事件后，施通普夫退出了自由军团。

1919年5月的第二周，阿尔玛·马勒和女儿曼农前往柏林和瓦尔特·格罗皮乌斯团聚。这对夫妇并没有料到，这次团聚最终会演变为分手。从维也纳穿过刚刚独立的捷克斯洛伐克前往柏林，这可不是一件容易的事。母女俩好不容易抵达柏林，却收到一则噩耗：阿尔玛·马勒和弗兰茨·韦尔弗私通所生的儿子马丁在维也纳的一家医院去世了。由于先天的脑水肿，这个1918年8月出生的孩子从1919年2月起便住院治疗。医生早就预告马丁没剩多少日子,可这个才9个月大的小婴孩临终时,他的3个家长都没有陪在他身边。格罗皮乌斯告诉阿尔玛这个不幸的消息,并轻声说,他更希望死的是他自己。弗兰茨·韦尔弗也自责说,是他与阿尔玛一次过于激烈的性行为导致了马丁早产。话虽如此,这些各有烦心事的大人显然顾不上马丁的早夭。

取代丧子悲痛的,是格罗皮乌斯夫妇在魏玛大受欢迎的待遇。瓦尔特刚成为他一手创建的国立包豪斯学院(Das Staatliche Bauhaus)的校长,有不少应酬在等着他们。然而,没完没了的社交活动让他们意识到彼此的距离。阿尔玛对包豪斯以及它那些打扮寒酸、在政治和艺术领域都相当激进的学生并不感兴趣。包豪斯的建筑师期待一个由他们开创的崭新世界,但在阿尔玛看来,这样的梦想是很难令人信服的——就和其他一切革命事物一样。

两人初遇时的火花早就变成冷漠的疏远。"为什么我和瓦尔特·格罗皮乌斯的婚姻这么失败?从任何方面来看他都是完美的,一个和我有着相同艺术血脉的天才艺术家……他深深把我吸引……我曾经热恋着他……爱到无法自拔。"事实上,是否像阿尔玛所猜测的,横亘在他俩之间的深沟是他缺乏对音乐的理解?是她自己对建筑没有热情?又或者,是战争的长久分离阻碍了两人的结合?

在一封附上离婚表格的信里,瓦尔特·格罗皮乌斯给出了另外的解释。想到韦尔弗,他写道:"你美好的天性被犹太心灵腐化了。一旦你重新做回雅利安人,我们就能好好相处,你就能想起我们美好的过去。现在你我形同陌路,因为你已经被世界的另一极所吸引。"他明白自己这样的想法会深深刺痛阿尔玛,因为是她本人在这段婚外恋开始时嫌弃韦尔弗是"罗圈腿的犹太人"。

即使如此,阿尔玛·马勒仍然拿不定主意离婚,试图妥协。绝望的现实折磨着她,让她痛苦不堪,迟迟拿不定主意,她甚至想说服格罗皮乌斯接受她以后半年和韦尔弗在维也纳、半年和他在柏林的解决方案。然而,格罗皮乌斯的态度非常坚决:"我们的婚姻已病入膏肓,必须来一场手术了。"

这种悬而未决的状态持续了好几个月,在这期间,格罗皮乌斯为包豪斯打下了基础。1919年4月,他得到他盼望已久的消息,他获准将萨克斯大公创办的工艺美术学校改组为一所崭新的建筑与设计学校,即国立包豪斯学院。当务之急是招募顶尖的教授来为首批入学的学生讲课。课程的主要目标是"打破各门'艺术'之间的壁垒,在大型建筑艺术的羽翼下重建它们的内在联系"。因此,每个学生要先在工坊学3年手艺,之后才能攻读建筑师学业。对于将理论和艺术实践、培养年轻人和建立一个更好社会的愿景相结合,格罗皮乌斯很是在行,但要让包豪斯在魏玛扎根,还有许多政治上的琐事待解决。

与此同时,阿尔玛·马勒在感情上依然三心二意。韦尔弗,这个试图说服她离婚的男人,仍然是她的最爱。阿尔玛是她所有男人的缪斯女神,对韦尔弗来说更是如此。她尽一切努力来为他的艺术铺平道路,包括改掉他手淫的习惯。她坚持认为,手淫消耗的不只是他的精力,还包括他创作的泉源,只会有损他的健康。而对于韦尔弗由于战时经历所产生的慕残欲望,阿尔玛倒是见怪不怪。"一个男人越是伟大，他的性幻想就越是病态。"她实事求是地写道。韦尔弗的想法甚至感染了她。阿尔玛做了一个情欲横流的春梦，之后她开始考虑，是否找一个"一条腿的人"来满足她和她情人的性幻想。战争对阿尔玛和韦尔弗的私生活产生了深刻的影响。

　　一波未平，一波又起。在阿尔玛·马勒迟迟没有和格罗皮乌斯脱离关系的时候，又有一位老情人出现了。那就是曾和阿尔玛曾经有过一段热恋的画家奥斯卡·柯克西卡。现在，画家托人告诉她，回到她身边是他最大的渴望。她表面上愤愤回绝了，内心却充满挣扎："自从再次听到奥斯卡的消息，我就对他念念不忘，真希望能克服所有障碍——说到底问题都在我这边——和他共度余生。"但她也知道，即便重新开始，彼此的激情还是会很快耗尽。此外有传言说，柯克西卡已经为爱情丧失了理智。他如此倾慕阿尔玛，渴望获得她母亲般的关怀和激励，因此让人缝制了一个以阿尔玛为模型的真人尺寸人偶。尽管成品差强人意，但起码这个阿尔玛会好好坐在他的沙发上。他给"她"穿上昂贵的套装和巴黎内衣，和"她"讲上几个小时的话。过了一阵子，他泄气了，人偶毕竟不能代替真人。柯克西卡决心摆脱"她"。他举办了一场疯狂的花园派对，在酒醉正酣时砍下了人偶的头。隔天一早有警察上门，让柯克西卡交代他花园里的"尸体"是怎么回事。最后，由收垃圾的人处理了"阿尔玛"的残骸。

　　作为阿尔玛·马勒的老朋友，作曲家阿诺德·勋伯格经常登门拜访。有一次,他还带上了妻子和女儿,以及一些跟他学钢琴的学生。这位艺术家的生活显然捉襟见肘,使得阿尔玛为自己的富足感到不好意思。她送给勋伯格的女儿一对镶钻的白金手镯,并表示"还想送给她更多的东西"。

1917年1月,由于参军带来的巨大刺激,阿诺德·勋伯格返回他位于维也纳观景亭巷43号的住所。1914年8月大战爆发时,他还觉得这是件"光荣和伟大的事"。动员令下达后,他满心期待着"加入行伍,和其他成千上万的人一起参加真正的战斗"。他志愿参加奥匈帝国皇家和王家陆军(königlichen und kaiserlichen Armee Österreich-Ungarns)。一接到入伍通知,这位音乐家随即动身,心满意足地把关于他艺术的一切"公开谩骂"、刺耳嘘声、不留情面的批评以及恶意评论统统置之脑后。当时有一群心怀敌意的艺术家,将他在绘画上的开创性尝试污蔑为"不着调的绿眼睛水面包"。

不过,勋伯格用炮声取代音乐的热情只维持了很短的时间。他想凭借在音乐上的卓越成就申请以军官身份入伍,但没能成功。领军服时,他就尝到了当新兵的滋味:军需官扔给他一顶肮脏的平顶军帽,上面还沾满了前任主人的血污。大量饮酒和吸食雪茄造成的哮喘,再加上年事偏高,让勋伯格没有上前线做英雄的本钱。没能为祖国争光的他,在莱塔河畔布鲁克的后备军官学校里过着单调乏味的日子:"都42岁的人了,还是军队的菜鸟,任凭那些白痴对自己呼来喝去。"这样的军中生活不在他的意料之中。自诩"代表整个民族"的勋伯格,赫然发现自己原来处在指挥链的最末端。他的长官物尽其用,打发他去为军乐队编写进行曲。

刚回到观景亭巷,勋伯格立即不眠不休地投入创作,无论是在生活还是艺术领域。妻子玛蒂尔德看到他埋首写字台,忙于论述他关于"永久和平"的理念。3年来的战争让他相信人类是"极其邪恶的",然而一小群"像我们这样"受过教育、有识别力的人,有能力在一星期内实现各国政府和外交家——尽管美国威尔逊总统早就提出了引起轰动的和平提议——都无法达成的和平。勋伯格认为,凭借"多数人活跃的意志"能够"避免未来的战争"。远超出勋伯格所擅长的音乐领域,他提倡建立一个国际仲裁法庭,由一支"国际部队作为执行力量"来支持它的裁定。这恰恰预见了后来国际联盟建立的基础,可惜他的同时代人并没有注意到。

战火中的祖国境况艰难,这让作曲家饱受困扰。尽管总是缺钱,但在1918年前后数年,勋伯格都致力于编写《雅各的天梯》的剧本及音乐。这部清唱剧和那一年代少数其他作品一样,反映了战时和战后岁月的感受和渴望。开头是一段坚决的低音旋律。弦乐器生机勃勃、几乎是横冲直撞地大步向前,完全不受铜管乐和木管乐突兀的不和谐音影响。从充满张力的序曲里,涌现出天使加百利清晰的男高音:"右或左 / 前或后 / 上坡或下坡——/ 人必须坚持走下去 / 无论 / 将来与过去。"这是战时从军的写照,人们在黑暗的日子里咬牙坚持。然而这段结尾用的是过去时,象征着不断向前的状态只是属于过去。和《圣经》一样,勋伯格的报喜天使也夹在天堂和人间之间。他指点人们拾级而上,去往更高的所在：一个更好的世界。放眼望去尽是希望、许诺和拯救。但愿在尘世的苦难消解后，能够沉浸在神圣的恩典之中。勋伯格在1912年就已明确宣布："我要写一部清唱剧，关于今天的人们，虽然在经历了物质主义、社会主义和无政府主义后，人们一度成了无神论者，但仍然想（在形式上）保留一点昔日的信仰；关于现代人和上帝的争论不断……但最终他们还是感觉到祂的存在，从而有了信仰。学会祈祷吧！"

在维也纳的住所——那栋他用别人赞助的钱租下的房子里——阿诺德·勋伯格找回了他对上帝的信仰。"人们曾经坚信不疑的一切事物都已摧毁"，这是他对抗它的唯一方法。《雅各的天梯》把毁灭和更新旧认知体系的希望谱写在一起。此外，它的作曲里还隐含着他对十二音技法（Zwölftontechnik）的首次尝试，它以一种数学的、抽象化的全新方式理解音乐。《雅各的天梯》的中心思想直指上帝，而非那些关于意识形态的美好许诺。

艾文·C. 约克跪下了：1919年5月，他终于再次见到了帕墨村，那山脚下的排排小屋。约克从闹哄哄的家人和邻居的身边走开，在没有人看得见他的地方，为自己的平安归来感谢上帝。蒙主庇佑，保护他在战火中全身而退。他并没有向造物主喋喋不休，只是用心领受这份感激。

他快步走回家，冲出来迎接的是他的猎犬。它们此起彼伏地跳着、吠着，欢快地摇着尾巴。再次看到约克，兴奋的狗儿们几乎把他扑倒在地。约克半跪着，拍拍这只的肚子，摩挲那只的头，它们则亲密地舔着他的手。他随即领狗儿们走入森林，那里还是老样子：野猪在地上拱着橡子，不时传来阵阵牛铃，山茱萸开得花团锦簇，每年春天都是如此。但约克看待它们的眼光不同了。他已经变成另一个人。他见识了世界，经历了生死搏斗。他从前的经历似乎离他很遥远，就像属于另一个时代。约克觉得自己充满干劲，为梦想及一些还看不清轮廓的憧憬而蠢蠢欲动。几个月来的出生入死必须有其意义，不能白白浪费了。挺过世界大战的他，该如何展开自己的人生？约克坐在山坡上，陷入沉思。

哈莱姆地狱战士的盛大游行结束后，亚瑟·利特尔简直迫不及待想脱去军装。为什么离开军队要花这么长的时间，比获准入伍的时间还长？又是调查，又是报告。军方要给每个人签发一份服役证明，还有一份退伍令。此外，还伴随着一连串没完没了的演讲和仪式。

游行结束3天后，亨利·约翰逊才回到军营。那天，他不得不向那些兴奋不已的记者一遍又一遍地讲述自己的故事。当晚全体部队返回营地，而约翰逊则不见了人影。现在他回来了，利特尔可要好好修理这个擅自开小差的家伙。面对长官的质问，约翰逊解释说，是一群优雅的绅士邀他出游。他们非常慷慨，带他去第五大道的酒吧和餐厅享受精美的食物和酒。绅士们还塞钱给他。痛快地庆祝一番后，他整个人累坏了，不得不在酒店柔软的床上待上一段时间。他怎么能拒绝人家如此好意的邀请呢？这岂不是破坏整个部队的名声？为了证实他所说的，他给利特尔出示了一大把钞票，总计 600 多美元。做长官的闭上眼，打发这个逃兵返回自己的部队。

几天后，利特尔坐在他的书桌旁处理堆积如山的文件时有人来敲门。又是约翰逊。这一次，他手里抓着他的退伍令。"我要回家了，"约翰逊说，"还是做原来的工作。我这次来，是与您告别。"利特尔知道，部队其他人已登上前往纽约的火车。约翰逊一定是悄悄开溜，靠他残废的腿，从离这里还有好一段距离的火车站走回来见他。利特尔看着他，喉咙里好像有什么哽住了。他望望窗外空荡荡的营地，它在明媚的阳光下却显得如此寂凉。利特尔一下子意识到，约翰逊，这个奥尔巴尼火车站的搬运工，在这里就何谓患难之情给他上了一课。约翰逊仍像以前那样，在门口立正站着，利特尔起身走向他。做长官的眼眶湿了，嘴唇也颤抖着，他说："珍重再见，亨利，别忘了我。""您才会忘了我！"约翰逊回答说，"我怎么能忘！是您让我脱胎换骨，成为真正的男人。"

在堪萨斯，哈里·S. 杜鲁门再次见到他亲爱的贝丝。起先他只能远远望着她，因为 129 野战炮队还有一场最后的阅兵式要举行。3 天之后的 1919 年 5 月 6 日，士兵们才正式退伍。

在这个恋人重聚的时刻，杜鲁门和贝丝之间却爆发了他们生平第一次、也是最后一次争吵。起因是这个问题：正式举行婚礼后，他们是否该搬去和贝丝的母亲同住？后者可不怎么待见哈里。哈里当然反对，但贝丝最终占了上风。几个星期后，这一对璧人盼望已久的时刻终于到来。就在 1919 年 6 月 28 日凡尔赛和约签订的这一天,哈里·S. 杜鲁门和贝丝·华莱士携手来到圣坛前。这天堪萨斯城的气温热情如火,教堂的花儿都蔫了。照相时,杜鲁门努力摆出严肃的表情,还是藏不住他一脸的幸福。

成了家,不再是士兵的杜鲁门要自己把握未来了。他和战友爱德华·雅各布森决定合伙创业。杜鲁门卖了自家农场的牲畜,还借了一笔贷款。两人计划在堪萨斯城的市中心开一家男士时装店。促使他们开店的想法很简单:现在有这么多小伙子脱下军装,他们需要给自己弄点行头。"杜鲁门和雅各布森"时装店将开在缪勒巴赫酒店的商店区,位置相当不错。这家新店会提供精美的男士时装,包括高档的衬衫、长袜、领带、腰带、内衣和帽子。同年,"杜鲁门和雅各布森"便正式开张。店名以五彩缤纷的字体书写于门上,十分引人注目,走进店里,打了蜡的瓷砖地面光可鉴人,头顶上还有巨大的电风扇送来轻风。店铺早上8点开门,晚上9点才打烊。杜鲁门和他的伙伴轮流顾店。昔日的战友络绎不绝地前来帮衬,像是在缅怀刚刚过去的战争,或至少是想念他们从前的指挥官了,他们曾送他一个刻有他名字的奖杯作纪念。看来,即使战争结束了,杜鲁门的生活还是离不开"炮兵连D组"。他现在的理发师,便是以前在法国圣米耶尔附近一棵树下为他理过发的战友。

在1919年春天,不是所有人的梦想都能如此轻易地实现,有些人的生活并没有出现一个更好、更和平的未来,反而像是一场噩梦。索格门·特赫里瑞安(Soghomon Tehlirian)便是如此,日后他在法庭上说,他无法摆脱脑海中那些一再涌现的骇人场景:在他那位于安纳托利亚东部的家乡埃尔津詹,难民们排成了长长的队伍,在一阵阵枪声和尖叫声下,押送难民的土耳其士兵拖走他的姐妹,把他的母亲推倒在地,还用斧头劈开了他弟弟的脑袋,他自己头上则挨了一记重击并失去意识,再醒来时身上压着哥哥的尸体。每逢这些景象出现在脑海中,他便全身痉挛,不省人事。1919年2月,特赫里瑞安从第比利斯前往奥斯曼帝国的首都君士坦丁堡,希望能在那里找到其他一些家人。在这座由于战争而满目疮痍的城市里,为了引起朋友和亲属的注意,他每天都在不同的报纸刊登寻人启事。作为亚美尼亚人,索格门·特赫里瑞安自己算是从亚美尼亚大屠杀[1]——当时有数十万亚美尼亚人沦为土耳其军民的暴力牺牲品——幸存下来了。可他的启事无人回复:难道家人们都在1915年的那场大屠杀中丧生了吗?

---

[1] 指发生于1915年至1917年期间、由奥斯曼土耳其政府主导的、针对亚美尼亚人的种族屠杀,西方学界普遍认为至少造成了50万人死亡。

第五章　虚假的和平

停战后，这个人人……无论积极或消极都能臆想未来的梦乡，已不复存在。

——恩斯特·特勒尔奇，"观察者来信"，
1919 年 6 月 26 日[*]

---

[*] 恩斯特·特勒尔奇（Ernst Troeltsch, 1865—1923），德国神学家、哲学家、历史学家，"观察者来信"（Spectator-Briefe）是他在报刊上的书信体专栏。

1919 年 4 月，米兰·什特凡尼克回到巴黎。路易丝·韦斯经历了多长的等待才盼来这一刻！心上人踏进她的编辑办公室，"面色苍白，宛若死人"，他跌坐在椅子上，开始倾诉过去几个月的经历。什特凡尼克成功逃出西伯利亚，挽救了自己和大部分部属的性命。为此他获颁法国荣誉军团勋章，授勋仪式在零下 35 摄氏度的酷寒中举行，法国将军莫里斯·雅南（Maurice Janin）还冻伤了双耳。之后，他们便展开横渡太平洋的奥德赛之旅。什特凡尼克是在日本神户得知停战的。到东京时，他接到消息，告知他被任命为捷克斯洛伐克共和国首届政府的国防部长。这一切让他尤其迫不及待想回到欧洲，在巴黎凡尔赛宫的和平谈判上大展身手。和谈也涉及国际社会对捷克斯洛伐克独立的承认。然而，等什特凡尼克终于抵达巴黎时，谈判早已顺利展开，而捷克斯洛伐克的新总理卡雷尔·克罗默尔（Karel Kramář）和外交部长爱德华·贝奈斯已在谈判桌上占据了有利位置。什特凡尼克曾劝说福煦元帅援救身陷西伯利亚的捷克斯洛伐克残军，但一次也没成功。而福煦在经历了战争最后一年的巨大牺牲和艰险之后,也完全没料到什特凡尼克能活着回来。在巴黎,人们对什特凡尼克的归来毫无反应。因此才刚到巴黎没多久,他就想尽快前往布拉格,起码他在那里能获得一个战争英雄应得的接待。在什特凡尼克的憧憬里,如果他能坐飞机去,从天而降般驾临他的祖国,那就再好不过了。

什特凡尼克的经历和想法让路易丝·韦斯听得津津有味,再小的细节她也不放过。她一直对这个男人以及他所代表的捷克斯洛伐克充满强烈的感情。现在,她是否终于可以和他并肩作战、协助他实现捷克斯洛伐克的独立?在造访米兰位于勒克莱尔大街的住所时,路易丝·韦斯谨慎地把谈话主题从政治引到他俩的未来,这时,米兰却脸色一暗,定定地看着她的眼睛。路易丝·韦斯感到,他有些事情要向她坦白。踌躇了一会儿后,他才告诉她一个毁灭性的事实:1918年4月,他在罗马举行的"奥匈帝国受压迫民族大会"上遇见一位年轻的小姐,意大利的女侯爵朱莉安娜·本佐尼(Giuliana Benzoni),他爱上了她。没过多久两人见了第二次面。之后,她很快便成了他的未婚妻。

路易丝不敢相信她所听到的:"那我呢?"她问这个自己视为终身伴侣的人。"你?"这还是头一回,他对她使用第二人称单数的亲近称谓。"我希望你说我是自由的。我欠你很多,太多!但我永远不可能成为你的丈夫。"米兰给出的理由如此冷酷,就像一记重拳打在路易丝脸上,痛得让她失去知觉:"再说,不像这颗我将送给未婚妻的珍珠,你并非完璧。"他打开一个小盒子,给她展示淡紫色的远东首饰。米兰看到路易丝流下泪来,但他不知道说什么安慰她好。"你的政治经验无人可比,令人赞叹,"他再次开口,"你表现得就像一个老道的政治家……你的思考从不间断。但我想给我的人民展示的,是一个贞洁的少女,有着纯洁的肉体,更重要的是有一颗未经世事的灵魂。灵魂!希望你理解。"沉默蔓延开来。路易丝感到,她所有的才能都不足以与天平上的另一个人抗衡。她甚至都不打算和对方竞争,因为她心里明白,那位年轻的贵族小姐早就占了上风,她比路易丝更能加强什特凡尼克的传奇色彩,而对这位女报人来说,这一点非常重要,绝不亚于它对什特凡尼克本人的意义。但米兰还没有结束他对她的残忍:"我会跟她介绍说你是我最好的朋友。如果她任何时候有麻烦,我会让她第一时间来找你。你会给她提供帮助。你可以向我保证吗?"路易丝哭了。"我可不能没有你啊。"什特凡尼克嘟哝着说。路易丝突然一股怒气涌上:"你休想与朱莉安娜结婚,"她朝他劈头便说,"她不行,我也不行,没人跟你结婚。你只属于你自己。"

"或许吧,亲爱的。"米兰轻声说,随后便离开了她。没过多久他便前往意大利。

1919年的这个春天,梦起梦落。在巴黎和凡尔赛宫举行和谈的代表们尤其如此,他们各做各梦:战胜国觉得自己无所不能,怀揣着民族自决的美梦,以为一个正义和平的世界就要到来;战败国则默默祈祷,希望战争的后果不会像他们所担心的那样严重。夏天来临,接近和平谈判的尾声,到了决定战后走向的关键时刻,那原本泛滥成灾的未来设想也消耗得差不多了。这个时候,路越走越窄，人们就不得不面对现实。一旦和谈结果被视作对梦想的背叛，绝望便转为愤怒。和平条约本应调解各国纠纷，如今却在世界各地引发新的冲突。

柏林艺术家柯特·赫尔曼（Curt Herrmann）在1917年画了一只有着浅粉色闪亮羽毛的火烈鸟。它倒毙在空空的食盆旁，脖子向后扭曲着，嘴边有一摊黑红色的血，再也无法为自己修长的双腿而自豪。此时战争已打了3年，这幅《火烈鸟》（Flamingo）似乎意味着人们不再对一场辉煌胜利有所期待，进一步来说，它意味着美好年代的没落，老一代精英和他们灿烂日子的结束。然而，抛开具体的历史背景，如此美好造物的死去更象征着那些美丽优雅事物的失败，它们过于精致，以至于无法在赤裸裸的现实中生存。对于一些在1919年春夏精心织就的梦想来说，这便是它们的命运。

世界大战已经造成如此庞大的牺牲及无数没能实现的许诺，而自1919年1月18日巴黎和会在塞纳河畔的法国外交部钟厅召开第一次全体会议以来，还产生了规模同样庞大的期待。第一阶段，参与和谈的共有32个国家的代表，战败国被排除在外。在谈判中起主导作用的，是由英法美意组成的"四巨头会议"。为了强调美国在世界的新角色，伍德罗·威尔逊在1918年12月就动身前往巴黎；一支人数逾千的美国代表团跟随他来到法国首都。凭借1918年1月的"十四点原则"，它一直是这位美国总统的信条，威尔逊几乎早在一年前就已定下国际政治的新标准：民族自决应该成为世界政治的基石,即便对那些殖民帝国来说也是如此。世界上所有国家应该联合起来组成国际联盟,未来它能以和平的手段调解国际纠纷。只有吸取一战的教训,它才能真正成为一场"结束所有战争"的战争。凭借这样的想法,"十四点原则"在全世界得到广大媒体的大力宣传,使威尔逊成为世界希望的焦点,他像是一个救世主。在1918年12月14日的一次私人会晤中,路易丝·韦斯见到了威尔逊总统及其夫人。这位美国救世主给她留下了复杂的印象。她在回忆录里写道,他就像一个"新教的教皇",一个"没有历史包袱的萨沃纳罗拉[1]"。"他用来穿过人性熔岩的,是那些只在他个人信念里存在的准则,与此同时,那些包括英国人在内的不幸欧洲人,则在为自身的传统、利益、庇护者和殖民地而纠缠不清,正努力想办法解决生存问题。"不只是路易丝·韦斯,在谈判进程中,整个法国都用务实的眼光看待威尔逊的主张;战争令法国耗尽元气,对法国人来说,赔偿比崇高的理念更重要。威尔逊的"十四点原则"还给了殖民地臣民以希望,这也是令法兰西殖民帝国为之担忧和愤怒的一个原因。

和谈期间,阮爱国仍然待在巴黎,努力以摄影为生。他在《工人生活》(*Vie Ouvrière*)杂志的某一期上登了广告:"如您想保留对父母的生动印象,请将他们的相片交给阮爱国修整。完美的相

---

[1] 指吉罗拉莫·萨沃纳罗拉(Girolamo Savonarola,1452—1498),意大利多明我会修士,宗教改革家,反对天主教和美第奇家族的腐败统治,曾在佛罗伦萨实行了一系列民主改革。

片搭配好看的相框,只要45法郎。"不过上门的人很少。阮依然过着只够勉强糊口的生活。

每天的报纸上都有关于巴黎和会的最新进展,它令阮爱国和其他许多从英法殖民地来到巴黎的人陷入狂热的情绪。这个越南人和不少殖民统治的反对者一样,尤其认真地阅读了威尔逊的和平纲领。世界的命运将在巴黎的凡尔赛宫被决定。如果现在就像威尔逊所宣布的那样,民族自决的时刻已经到来,那么他那沦为法国殖民地的家乡印度支那也不该被排除在外。阮爱国将巴黎的这个春天视为一次历史性机遇,绝不容错过。

与此同时,他和其他积极人士共同发起一次以"越南爱国者团体"为名义的请愿活动。遵照威尔逊的"十四点原则",他们请愿列出了八项主张,其中并没有提到民族"自决"或是独立,只是要求给予越南人更多的权利:公平的司法制度,出版、教育和集会的自由,并让越南人能更加民主地参与法国国民议会。政治犯也应该被释放。本来,所有这些要求对法国这个"人权发源地"来说都是理所当然的。然而自大革命以来,法国人所取得的成就,他们为之自豪和认同的权利主张,并没有和受它统治的其他民族分享。现在,整个世界受到一次足以令诸多殖民帝国倾覆的巨大动荡,新的独立国家诞生,埃及、日本、印度、朝鲜和墨西哥这些彼此相距遥远的国家陆续爆发骚乱。在这样的时期,法兰西殖民帝国也有可能受到冲击,甚至坠入万劫不复的深渊。

阮爱国在这份表达越南人民诉求的请愿书上签了他的名字,他还打算亲自把它送到它的接收人手上。于是,人们看到他在凡尔赛宫的走廊里敲开每一个与会代表的办公室,亲手递上请愿书。他甚至借了一套不错的西服,想和伍德罗·威尔逊进行一次私人谈话。但美国总统的接待室把他拒之门外。他所收到的书面回复表明,谈判代表已经完全注意到印度支那人民争取权益的诉求。1919 年 6 月 18 日,阮爱国还在法国共产党报刊《人道报》(*L'Humanité*)上刊出了请愿内容,让大量的法语读者知悉。

也就在这个时候,法国警察开始留意到这个住在地下室的外来人士。阮爱国不仅被安保人员赶出凡尔赛宫,也从此被法国情报部门盯上。一个密探混入法国越南反抗人士的圈子,还在阮的住处门口盯梢。然而,警方的担心和举措显然有点小题大做了:印度支那的命运在凡尔赛宫的谈判中根本无关紧要。作为一次世界大战的胜利者,法国既没有让伍德罗·威尔逊冠冕堂皇的和平理念分散它严惩宿敌德国的主要心愿,也没有改变它巩固和扩大其殖民帝国的目标。而对伍德罗·威尔逊个人来说,殖民地问题完全不是重点。他甚至害怕独立人士的活动会破坏他建立世界新秩序的努力。1919 年 2 月 14 日,在威尔逊向大会提交的首份国联盟约草案中,"自决"这个词消失了。

"此时,好像全世界的人都来了这儿。"1919 年 1 月,托马斯·E. 劳伦斯写信给他母亲说。"这儿"指的是巴黎,举行盛大和平谈判的地方。各国代表团齐聚于此,甚至汉志国王侯赛因·伊本·阿里(Hussein ibn Ali)之子、与劳伦斯共同对抗土耳其人的费萨尔王子(Prinz Faisal)也来了。劳伦斯陪他在塞纳河上划船,好避开一大群激动不已、把镜头对准王子和他白色的飘逸长袍猛拍的记者。这两个在中东战场上携手同心度过诸多危难的男人,在早上6点就起了床,从里沃利街的大陆酒店出发,前往巴黎周边的布洛涅森林,在那儿展开他们的水上之旅。

费萨尔代表阿拉伯民族参加巴黎和会,这是劳伦斯向英国人争取的成果。他在台前幕后为阿拉伯的事业积极奔走。1918年11月17日,他给《泰晤士报》发行人写信说:"阿拉伯人为战事做出了贡献,尽管他们事先并没有和我们签订协议,却总是懂得抵制其他大国的拉拢。他们没有替自己发声的媒体,也未曾公开宣传自己的诉求,但他们竭尽所能艰苦作战(为此我可以打包票),在3次战役中不屈不挠,还被迫牺牲了自己骁勇善战的部队。"他们付出的一切只为一个目的:获得自由。

劳伦斯的这番话赢得英国人一定程度上的坦诚相待,唯独法国人对费萨尔的到来抱着巨大的怀疑。这位阿拉伯王子不得不对一位法国谈判代表解释道:"我来巴黎并不是为了讨价还价,而是想要向全世界表明,我们阿拉伯人可不是为了加入另一种新的奴隶制或为了被瓜分领土才脱离土耳其的。我要告诉您,我是为了自由和主权而战,我们会为这些原则而死。我并不打算把任何一部分领土向英国拱手奉上!"但法国坚持英法于1916年秘密签订的《赛克斯-皮科协定》——它预谋由英国和法国瓜分对中东的统治权——无视阿拉伯人反抗奥斯曼土耳其帝国、争取独立的斗争。劳伦斯和费萨尔希望获得美国的支持,取得阿拉伯民族的独立并成立叙利亚国。

威尔逊总统的反应着实让法国人吃了一惊：他建议他们派一支委员会前往叙利亚，调查那里阿拉伯居民的意愿。对此，法国则想方设法加以阻止。劳伦斯便设法安排克里孟梭与费萨尔会面，希望消除双方之间的分歧。他尽心尽力，甚至接到父亲去世的电报后也没有离开巴黎。直到确认这次会面将如期举行，劳伦斯才请了一周的假去抚慰母亲。

4月中旬，费萨尔和克里孟梭见了面，但劳伦斯和费萨尔的努力并没有获得应有的回报。克里孟梭做了一次表面上的妥协，他声称他会同意叙利亚独立，只要费萨尔承认，独立的叙利亚将接受法国的委任统治。委任统治如何称得上是独立呢？费萨尔的希望落空了。他搭乘法国空军的一架飞机离开巴黎，走前都拟好了自己的遗嘱。

至于劳伦斯，他在5月时登上一架英国飞机，想私下在开罗搜索英国战时情报机关阿拉伯局（Arab Bureau）的档案。战时他是该局的成员。他也同样沮丧，在回忆录里写道："年轻人可以取得胜利，但他们没有学会如何保卫胜利；在那些老人面前，他们不堪一击。我们还以为，自己在为一个新天堂、一个新世界奋斗，而他们也会友好地感谢我们，彼此和平相处。"

飞机中途在罗马停靠时，飞机驾驶员在跑道上没能及时刹住。他被迫再次加速复飞，但在重新升起时被一棵树的枝干缠住，飞机砰的一声坠毁于地。驾驶员当场死亡，副驾驶员几天后也死于颅骨骨折。劳伦斯在冒烟的飞机残骸中被人救出，奇迹般只有一边肩胛骨骨折，以及其他几处扭伤。几天后，他继续前往开罗。7

月,他给那位拯救他性命的技师弗雷德里克·道(Frederick Daw)寄了一封信,并附上一张10镑的支票:"您能给自己买点小东西,回想一下我们那次在罗马糟糕的着陆吗?对我来说那实在不是什么令人愉快的事。非常感谢您把我从死神手里救出来!"

这一时期,中东的形势并不平静。阿拉伯人民愈发意识到巴黎和会无视他们的利益。他们不像以往那样只是攻击驻扎此地的英国军队,还开始攻击定居在巴勒斯坦地区的犹太人。尽管费萨尔在巴黎时已明确表明他对犹太复国主义者的态度,甚至和其领袖哈伊姆·魏茨曼(Chaim Weizmann)在1月达成协议,允诺让犹太人在巴勒斯坦建立他们自己的国家;但是这份协议没有得到阿拉伯人民的支持,也从未真正生效。费萨尔把他的许诺和国际社会对阿拉伯独立的承认捆绑在了一起。

劳伦斯和费萨尔缺席期间,法国开始向英美的立场靠拢。一种暂时性的解决办法出台,至少看上去像是阿拉伯人取得了一点成果:英国人撤到巴勒斯坦,法国继续控制贝鲁特和叙利亚沿岸地区,而阿拉伯人则控制叙利亚的内陆地区。在战争中为协约国攻占的大马士革,则成为新兴阿拉伯国家的首都。当这一折中方案首次传到劳伦斯那里时,他简直不敢相信自己的耳朵,他给英国首相大卫·劳合·乔治写了一封感谢信,坦率地表达了自己的惊讶:"我必须坦白告诉您,过去我一直打从内心认为您会把阿拉伯人抛弃,因此现在我不知如何向您表示感谢。这事与我有关,因为战时我曾向他们保证我们会兑现承诺,无论它值多少分量,毕竟我给出了我的承诺。现在,您在您关于叙利亚的协约里遵守了我们所有的诺言,甚至比他们应得的还多,我得以毫无负担地从此事抽身。"历史上曾经有那么一瞬间,阿拉伯的独立显得如此触手可及。

甘地沉浸在痛苦中,他号召印度人以公民不服从的方式来抵制殖民统治,却犯下"如同喜马拉雅山般巨大的错误"。他对罗拉特法案[1]的抵制运动造成了骚乱、警察镇压和暴力行为。对于死去的人及其家属所承受的不幸,甘地感到自己是有责任的,并公开承认错误,这让他在印度各大城市的追随者大为惊讶和不满。他呼吁追随者们用非暴力的方式进行抗争,可为何他们还要扔石头、拦阻火车甚至伤人?他担心,他让印度人还没学会走就学跑。在这次严重的暴力骚乱后,他愈发坚信,起义前必须要有一次心理上的成熟过程。只有当人们学会服从和自律,准备好遵循国家的法律和道德准则,他们才能实施一次目标明确、计划周全的集体性公民不服从行动,来抵制当局一些有预谋的举措。甘地现在相信,唯有如此,才能避免抗议失去控制,给对手使用暴力的口实。甘地对殖民当局的批判态度很明确,但他同时也认识到,只有等他完善了他的不合作运动及其政治动员的能力,才能改变这个体制。要实现这一目标,得有一批成熟的活跃人士,他们能帮助他培养大众"坚持真理",进行非暴力抵制。同时,作为《青年印度》

---

1 Rowlatt Act,指英属印度政府于1919年颁布的一项法案,授权政府可在未审判的情况下对英属印度范围内的嫌疑犯进行逮捕,旨在压制当地的革命运动。

(*Young India*) 周报的出版人，他也通过印刷和大众传媒的方式进行抗争。

不只是甘地自己认为他对1919年的暴力骚乱有责任，他的对手也抱有同样的想法。准将雷金纳德·戴尔甚至对前来调查阿姆利则屠杀经过的亨特委员会声称，甘地是骚乱的主犯——尽管事件发生时，甘地远在好几百公里之外的地方。在调查中，戴尔这个下令军队向百姓开枪的人表现得毫无悔意。在他的回忆里，无论是他让大火持续燃烧、直到群众彻底被驱散的事实，还是在屠杀发生后对死伤者不采取任何救助的决定，似乎都再正当不过。他说，后者可不是他的责任，说到底应该由医院来承担。虽说戴尔最终被判定滥用职权，并被免去职务，但印度独立人士对亨特委员会的调查结果并不满意，因为牺牲者的声音没有被倾听。对此，甘地发布了一份反对声明。

几个月后，在德里一次对穆斯林的讲话中，甘地首次使用了"不合作运动"（Non-Cooperation）这个词。他察觉到人群的愤怒和不安。他知道，他的听众失望的不只是印度的形势，还有凡尔赛和约的进展，它没有给印度穆斯林任何改善处境的希望。"不合作运动"的概念像是对人们的鼓舞。这个词是甘地在演说中想到的，他对它的准确意义并没有一个清楚的概念。但是，它让听众为之一振。他一说出口，台下便响起了热烈的掌声。随后，"不合作"这一概念才逐渐成形，实现了此前公民不服从运动所缺失的准确和纪律。其核心是印度人拒绝在殖民机构担任公职，并以印度产品取代英国产品。此外，甘地还致力推广织布机，他认为它能用简单的方法生产印度所需的布料，还能让底层人民获得收入。这便是"土布"（Khadi）计划的开始。

巴黎对德里显得如此远又如此近。印度国民大会党（Indian National Congress）在1918年12月一次会议中做出决定，由甘地和其他印度民族运动代表参加巴黎和会。然而，向巴黎派出的代表团最终是由英印殖民政府决定的，它以印度事务大臣埃德温·塞缪尔·蒙塔古（Edwin Samuel Montagu）为首，代表大英帝国的利益为印度争取国联的席位。代表团中也有一位国大党的代表，虽说是温和派人士，但他也坚持认为，在世界大战中为帝国而战的120万印度人理应得到回报。

甘地没有前往欧洲，可能是因为他意识到，在那里他所能取得的成果远比在家乡进行的斗争要少。他不像其他一些印度民族解放人士，对威尔逊夸夸其谈的"民族自决"全盘接受，而是努力形成自己的理念，这能让他摆脱西方的价值体系，自成一体。除了这一策略性考量，甘地放弃欧洲之行的另一个原因，很可能是他的一个老战友巴尔·甘加达尔·提拉克（Bal Gangadhar Tilak）已经在1918年10月抵达伦敦，从那儿对巴黎施加影响。62岁的提拉克是一个富有经验的政治家，多年来对印度独立运动的发展起着决定性作用。

1919年1月，提拉克写信向劳合·乔治、克里孟梭以及最主要的美国总统威尔逊求助，这几位协约国领导人的承诺曾在印度引发广泛的积极回应："世界对和平与正义的希望就掌握在各位手中，是你们传播了'民族自决'这一重大原则。"他随信附上一份

第五章 虚假的和平 171

"印度自决"的传单，上面有一幅讽刺画：各大陆的人民陆续登上一只巨大的远洋班轮，准备来一场"从专制到自由"之旅。大副扛着劳合·乔治的行李。而印度被描绘成一位戴着纱丽的妇女，也准备一起去旅行，然而，船票没有她的份。

威尔逊私人秘书的回信只有几句感谢的话，外加一些无关痛痒的承诺。直到1919年11月返回印度时，提拉克都未能拿到能从伦敦前往巴黎的英国政府护照。不过，英印殖民政府派出的官方代表团让印度加入国际联盟的目标倒是圆满达成。于是，结果非常荒谬：印度可以投票表决其他民族的独立，自己却不是一个独立国家。

凡尔赛宫的谈判代表如潮水般出入路易丝·韦斯的办公室。显然，这些国际政治的要员来此光顾并非为了私事。同样为杂志的大名及其出版者的名望所吸引，不少顾问、职员和专业人士也专程前来拜访，打听最新的消息，对杂志舆论施加影响。人们给她展示地图，透露对未来的大胆计划，邀请她去各式各样的餐厅参加晚宴。路易丝·韦斯无疑已是巴黎政治圈里举足轻重的人物，少数不容错过的女士之一。她的母亲却不能接受女儿的出名，"母亲总是出于被迫才对我的活跃表示支持，从来不是发自真心。她希望我这一生都安分守己，根本不能忍受我日益攀升的名气对她的影响。"这出上演了一辈子的母女冲突戏码，被一件突如其来却显然更为严重的事件盖过了。路易丝·韦斯在报纸上读到了可怕的消息。

5月4日那天,米兰从意大利飞往捷克斯洛伐克。飞机已经越过波西米亚的边界,却在着陆时失去控制,机毁人亡。尽管两人之间有着不堪回首的过去,路易丝仍感到犹如世界毁灭般的打击。从今往后,她还会为了谁完成那些做不完的工作,在印刷厂消磨时光,并在星期日还去参加那些没完没了的政治招待会呢?没有这位朋友的思想——尽管他也曾让她如此失望——她该如何生存?路易丝为米兰而哭,也为她自己流泪。她的人生都是为了他,为了他的事业。现在她的存在还有什么意义?像她同时代的许多女人一样,她首先担心的是自己的个人幸福。这些年来推动着她的一切激情,似乎都烟消云散了。忽然之间,她对政治失去了兴趣。路易丝觉得自己被击溃了。但是,难道她要永远封闭在自己的痛苦里,"不问世事,只纠结自己的小情绪"?如果是这样,那她就会是另一个人了。还是继续向前吧。但是要走去哪儿?又是为了什么而前进?路易丝振作起来,给了自己一个理由:为了回忆!"决绝而悲伤地,我在心里对自己做出这一承诺。"

就在路易丝·韦斯辗转难眠的某个晚上,一位气质不凡、有着闪亮黑眼珠的人走进她的客厅。她钻进路易丝的怀里,轻声说着不流畅的法语:"我是朱莉安娜。米兰说如果我有麻烦,应该来找你。我是特地从罗马来的。啊!我爱他。"路易丝立即反应过来面前的人是谁了。她本应把朱莉安娜打发走,但看着这位痛不欲生的年轻女士,她不禁心软。路易丝·韦斯留她过夜,听她倾诉;而她给路易丝展示了米兰从日本带给她的礼物。这位意大利女士一再说,她永远也不可能从米兰身亡的打击中恢复过来。

第五章 虚假的和平

在西伯利亚大铁路前往远东的火车上,马琳娜·于洛娃认识了3位年轻的俄罗斯小姐。她们服饰高贵,领口开得很低,自称是圣彼得堡斯莫尔尼学院的女学生。在车上,这些所谓的贵族学校女子完全没有俄罗斯富人的娇柔作风,而是一路坚持下来。来到哈尔滨后,她们也首先获得当地绅士的青睐。

一天晚上,她们中名为卡蒂亚的喊道:"已经9点啦。"仿佛接到命令,3个人赶忙起身换衣服。马琳娜这辈子从未见过如此精美的内衣。无需念什么咒语,她们随即成为魅力十足的上流社会女士。"一起去吧,"3人中的娜迪亚说,"我们被邀请去参加一个中国人的晚宴。这会很有意思的。"马琳娜可没兴趣独自待在她和3位新朋友合住的简陋房子里打发漫漫长夜。于是,她也从床上一跃而起开始打扮,但她能穿的只有那身哥萨克制服。

穿过哈尔滨夜里黑漆漆的街道,4位年轻女士来到一家大型餐厅。门童领她们进到一间环境优雅的包厢,里头的餐桌已经摆满餐具,装饰着鲜花。帘子掀开,进来了5位穿着考究的中国男子。他们厚重的军人大衣让马琳娜不太舒服。服务员斟上烈酒,他们彼此以法语交谈。晚宴随即开始,中国和欧洲的特色食品装在精巧的碟子里,一道接一道地端上来。马琳娜不会说法语,肺里满是二手烟,还被酒精弄得昏昏沉沉。慢慢地,她疲乏的脑袋垂了下来,伏在2个茶碗之间的桌面上。

过了一阵子,等马琳娜再睁开眼睛,脚下还虚浮着,这时场面完全改观。娜迪亚弹奏着一首探戈舞曲,男人们坐着软垫,倚着墙,而卡蒂亚随着音乐的节拍,正一件件地除去衣裳。她裹着粉红色的衬裙,淫荡地扭动着,腿上的长筒丝袜已经滑到地上,披散开来的头发遮住了她由于舞动而泛红的脸颊,在此期间,那些男人不断向她撒钱。

索尼娅注意到马琳娜,便以一种醉酒的人常有的姿态,使尽浑身力量向她走来。索尼娅拉起马琳娜的手,把她带到一个臃肿不堪的男人身边,推她坐在他的膝上。钢琴奏起了进行曲,这时男人的手开始在马琳娜身上游走,从肩至膝。另一个男人靠过来,笨手笨脚地想解开马琳娜制服中间的纽扣。长期以来,她一直扮演着男人的角色,完全没有想过自己会被男人当作女人来对待。此刻被迫做回女人,她的意识瞬间清醒过来。"我不想要你。"她大喊着跳起来。"带我离开这里吧。"她小声地向她的同伴说道。"你这个小贱人真是不知好歹!"索尼娅啐她,不过还是设法把她弄到出口,在那里她找到一辆人力车。她只想离开这里,越远越好。她搭上下一班开出的火车,前往符拉迪沃斯托克。

从军队退伍后,詹姆斯·里斯·欧罗巴忙得不可开交。他知道,必须在复员后的几个月里把他的荣耀时刻利用起来。哈莱姆地狱战士仍然是美国黑人和白人的偶像,它的军乐队也被视为胜利之声。1919年3月,在纽约胜利游行几周后,第369步兵团的乐团在美国东海岸和中西部展开了一场为期10周的巡演。首演在汉默斯坦[1]的曼哈顿歌剧院（Manhattan Opera House）气派的舞台上举行，著名歌手诺布尔·西斯勒（Noble Sissle）奉献了好几场独唱。演奏会相当成功。现场听众情绪高涨，一再要求加演；而报纸对这一"军中生活的回声"也充满兴趣。从纽约到费城，从费城到波士顿，他们无论到哪里都受到热烈欢迎。之后，乐队分乘2辆巴士前往西部，进入芝加哥、布法罗、克利夫兰和圣路易斯。即使在爵士乐的故乡，他们那花样繁复的乐曲、铜管乐器的阻塞声、纯粹的技巧和爵士大乐团的热闹演奏也能引起轰动。他们演奏的曲目非常多，包括法国的军队进行曲、美国民歌和由里斯作曲的战时流行歌曲《无人区的巡逻》，此曲还通过灯光和音效来表现战场上炸弹的投放和机枪的鸣响。甚至，他们还当众演奏爵士版的古典音乐，如《培尔·金特组曲》（Peer Gynt Suite）。《芝加哥卫报》欢呼道："'地狱战士'的演奏堪比一流的管弦乐队。在许多方面他们远远超前：因为毫无疑问地，在对'蓝调''爵士'和'黑人民歌'的诠释上，这个世界没人能和他们相比。"然而，乐团在小城特雷霍特的一次演出却给这次成就非凡的巡演添加了杂音。当地歌剧院的老板坚持，按照他家里的习惯，黑人和白人听众必须分开就座。这一安排激怒了公众，它违背乐团想借音乐传递的讯息：美国黑人的解放。演出当晚，愤怒的妇女在歌剧院门口聚集，分发"种族隔离之耻"的传单。最终，詹姆斯·里

---

[1] 指奥斯卡·汉默斯坦一世（Oscar Hammerstein I, 1846—1919），雪茄商人，剧院经理，曾开办数家歌剧院，促使歌剧在美国重获流行。

斯·欧罗巴和他的乐团为 200 名白人和 2 名黑人——他俩被媒体称为"叛徒"——演奏。按照计划,闭幕音乐会将在 1919 年 5 月 10 日于纽约哈莱姆区举行。詹姆斯·里斯·欧罗巴可以期待一场巨大的成功。年仅 39 岁,这位作曲家和乐队领班便登上他成就的顶峰,他在战争时期的迅速崛起势头还在继续。只是,这个成就仅属于黑人表演者,不属于黑人士兵,更不属于黑人公民。

同样,红地毯也向亨利·约翰逊展开。对于这位在法国战场协助美国军队取得胜利的"黑色死神战士",整个美国迫不及待想一睹其风采。有位经纪人愿意出 1 万美元请他在美国做一次巡回演讲。约翰逊拒绝了。他不信任白人经纪人。

话说回来,他还是喜欢出名的。1919 年 3 月,他陪昔日的长官海伍德上校去参加一次兜售"自由债券"[1]的活动。之后没多久,有人出 1500 美元请约翰逊前往圣路易斯,那里要大肆庆祝美国黑人对战争的贡献。登台前,约翰逊拿到了报酬。当时,台上还有另一位传道士在演讲。此人为黑人士兵的英雄事迹喝彩:整个美国不只是在战时、更是在和平时期跨出了新的一步。他还向听众担保,未来美国黑人和白人将能彼此承认,和平共处。

轮到约翰逊了。他戴着勋章,一瘸一拐地上了台,观众对他报以热烈的掌声。这一刻,他仿佛是一个崭新美国的化身。他开始发言,然而在开头几句话后,所有听众都已意识到,约翰逊完

---

[1] Liberty Bonds,一战期间美国发行的战争债券。

全没有附和传道士所说的美好和谐。他坦率地谈起战争,向听众叙述他从入伍以来的经历:糟糕的新兵集训,贫乏的装备,还有白人士兵的歧视,他们在战壕里不愿意挨着黑人士兵坐。即便在前线,黑人与白人也没有团结一致。来自哈莱姆的士兵低人一等,只配干杂活或充当炮灰,对白人士兵来说太过危险的战役才轮到他们上场。他曾听到一位白人军官说:"把黑鬼送到前线,这样纽约的黑鬼就会少一些。"在战时所郁积的愤怒、羞辱和创伤,现在他都一吐为快:"是的,我见过死人。我看过太多太多的尸体,以至于再见到活人时,都无法相信他是真人。"

他视自己为英雄,但他不想成为那种白人夸夸其谈的英雄,而且他不相信美国会感谢他所做出的牺牲。他向台下的听众说:"如果我是白人,那我现在早就当上纽约州州长了。"他说得越多,听众越是不安。人们先是窃窃私语,然后出现叫喊和嘘声。等到演讲结束,台下强烈的不满情绪顿时爆发。当地的显要人士和神职人员试图安抚群众。他们为演说者道歉,想要缓和场面。

直到活动结束,才响起此前在演讲大厅几乎听不到的另一种声音。约翰逊在出口受到如雷般的喝彩和掌声。许多双手伸向他,把他举到肩膀上,他就像一座奖杯,被人们抬着在这座城市里游行。妇女向他投去鲜花和飞吻。在演讲大厅里他被骂做叛徒,然而来到圣路易斯的大街上,他又成了英雄。隔天,报纸上对约翰逊做出谴责,说他在圣路易斯引起了"种族骚乱"。

这是亨利·约翰逊最后一次在公开场合露面。他在圣路易斯遭到嘘声后,再也没人愿意给他提供舞台。他靠打零工为生。饱受摧残的身心痛苦不堪,他开始靠酒精来麻醉自己。1923年,他还和妻子离了婚。从那一天起,只剩下回忆和伤痛与这位曾经的"黑色死神战士"为伴。

詹姆斯·里斯·欧罗巴的环美巡演音乐会,最后有一场是5月9日在波士顿举行。当时东海岸下着雨,非常寒冷。波士顿歌剧院已经被预订了,所以乐队只好在力学音乐厅演出。这座音乐厅坐落在亨廷顿大道上,又老又旧,还有穿堂风。好几天来,詹姆斯·里斯·欧罗巴都觉得自己有染上流感的迹象,但他决心要把这次成果丰硕的巡演贯彻到底。乐队日场的演出表现不错,欧罗巴还能有精力出席晚场。

当晚发生的事,歌手诺布尔·西斯勒在一份打字稿中叙述了:直到中场休息前,音乐会都还是按计划进行。但是乐队退场后,两位鼓手——双胞胎兄弟史蒂夫和赫伯特·赖特——直接走进了詹姆斯·里斯·欧罗巴的更衣室。他们在闹别扭,欧罗巴试图找到合适的言语安抚他们。一阵沉默后,赫伯特爆发了:"我为您可是拼了老命。您看看我的手,它们都肿了,因为我尽一切努力把握节奏。可是史蒂夫从头到尾都在出错,也不见您说他。"里斯好说歹说打发赫伯特出去,但过了不久他又进来,情绪完全失控。他把自己的鼓扔到欧罗巴更衣室的角落,喊:"我要干掉所有对我不好的家伙,吉姆·欧罗巴,我要干掉你!"欧罗巴依然保持冷静,他坚定地对这位恼羞成怒的鼓手说:"赫伯特,你现在给我出去!"可说时迟那时快,赫伯特跳到欧罗巴身上,拿匕首扎进了

第五章 虚假的和平

他的喉咙。

欧罗巴的制服领口血红一片，人们匆忙给他的伤口绑上手帕，叫了救护车。这时，这位乐队指挥还在安排工作：音乐会由西斯勒接手负责，他要确保接下来的演出顺利进行。他保证，明天，最晚在舞台幕布拉开的时候，他就会回来了。

这一承诺没有实现。医生没能止住出血。西斯勒在演出结束后率队赶到医院，医院请求他们献血。然而几分钟后，事实便证明这也没能帮上忙。詹姆斯·里斯·欧罗巴去世了。

在婚礼上，艾文·C. 约克发现，自己已成为山中老家某种意义上的大人物。出席婚礼的有上千人，其规模在帕默村可谓前所未有。宴席就设在山脚下，有烤山羊、烤猪肉、烤火鸡，还有鸡蛋、玉米面包、果酱和甜点，让这一地带的乡亲们吃得直不起身。

等所有客人走了，艾文·C. 约克便开始工作。他已经考虑得足够久，知道自己想要的是什么。他明白自己不是出于偶然才远去参加战争，他能从那里活着回来也不是全凭运气。曾经是和平主义者的他，现在相信战争是有意义的。但它不是政治家和战争指挥官赋予的意义，而是对他个人：上帝拯救他脱离险难，是为了赋予他重任。他要见识死亡，好领会生命的价值。他要游遍更大的世界，方能认识到自己的出生地是多么狭隘和封闭。他要明白自己懂得很少，并从中吸取教训。

约克先是走访了田纳西州的道路建设部门，说服他们的负责人修筑一条通往帕墨村的道路。此前他一直觉得，大山给山区居民提供了屏障，使其免受世界的危害。现在他逐渐意识到，大山也把乡民排除在世界许多重要变革之外。很快就要开始兴建的道路，应该成为村子拓广见闻的契机。

更重要的，对艾文·C. 约克来说，是承认自己曾为离开家乡的狭小天地感到失落。在战争中，约克认识到自己的无知，他想让家乡的孩子接受更好的教育。为了兴建新学校和招聘新老师，他四处筹钱。几个月后，一栋全新的校舍拔地而起，老师和教材都一应俱全。艾文·C. 约克让地方上许多不会读写的孩子来上学。他还想再盖一所职业学校，建运动场、图书馆和医疗设施。孩子们要掌握知识，要学会如何靠技术工作自食其力。总有一天，他们会让山里的生活大变样：那里会有马路、现代化住所、卫生设备和电力系统。他们要比他——这个见识了战争的规模，遇见过形形色色的人，去过波士顿、巴黎和纽约等大城市，却觉得自己既渺小又愚蠢的家伙——活得更好。因此，他要把上帝在战争中给他的启示付诸实践。

在德意志共和国政府的所在地魏玛宫，马蒂亚斯·埃茨贝格尔发现自己这时比起自签署贡比涅停战协定以来更不受人待见。1919 年 1 月，他作为施瓦本选区的议员，进入菲利普·谢德曼的内阁担任不管部部长。他对巴黎和约的务实态度引起德国政界和广大民众的强烈不满。在他们中的一些人看来，埃茨贝格尔的做法实在让人无法接受，而他本人还在和费迪南·福煦打交道时就已明白，德国不可能在和平谈判中得到宽大对待。巴黎的美国权威人士给他透露的消息证实了他最担忧的事。看来,德国将不得不接受战胜国"永远的奴役",埃茨贝格尔在回忆录中如是说。

1919年5月,德国代表团在巴黎收到了拟定的和约条款。它判定德国要承担全部的战争责任。代表们把文件带到魏玛,"这些苛刻的和谈条款……传开后,人们先是完全瘫倒,然后便是一片愤慨,斥责其违背了威尔逊原则所郑重承诺的法律和平(Rechtsfrieden)。"至于德国应该如何回应,魏玛政府意见不一。包括总理谢德曼在内的一方打算宣布,这份条款对德国来说"不可接受"。总理在国民议会上更是直接诅咒:"带上如此桎梏,我们的手怎能不干枯?"

埃茨贝格尔则主张用"难以忍受和无法实现"这样的词来形容和约条款。他担心,"不可接受"一词虽然能在德国获得舆论上"强有力的初步支持",但几周后,当在政治上毫无回旋余地,他们终究还是得签署这份和约时,德国便会为此付出高昂的代价。

埃茨贝格尔拿他全部的政治生命当赌注,他威胁说如果不在和约上签字,他就辞职。在一份备忘录中,他为自己为何主张签字给出解释:德国绝无能力再重启战事。埃茨贝格尔认为,签了字后,德国的经济处境便能得到改善,现有的饥荒也能得到控制。现在,德国在巴黎必须表现得通情达理,以后才能有谈判空间,从而更好地处理赔款以及德国在世界的地位问题(比如说国际联盟)。埃茨贝格尔和总理激烈争执了许多天,一再强调他别无选择:"如果有人捆住我的手,拿枪抵着我的胸,让我在一张纸上签字,上面说我必须承诺在48小时内登上月球,那么任何能思考的人为了保命都会签字，但坦白说，这一要求谁也做不到。"

魏玛宫里的政治决策者所面临的巨大压力不只来自右翼媒体。那晚，在巴黎的德国代表到来前，魏玛一所监狱的犯人越狱，想要闯进魏玛宫。宫门在最后一刻守住了。逃犯转而用枪往窗户里射击。他们闯入了国防部长诺斯克（Gustav Noske）和劳工部长鲍尔（Gustav Bauer）的卧室，楼上就是埃茨贝格尔的房间。暴徒还叫嚣说，要把所有的部长都绞死。

1919年6月19日，谢德曼解散了四分五裂的内阁，由劳工部长古斯塔夫·鲍尔组建新政府，埃茨贝格尔则成为财政部长。他明白，自己被提拔到了德国政府里最吃力不讨好的部门。因为他必须从德国人的口袋里掏钱，好支付赔款。直到最后，埃茨贝格尔还期待能对和约做出最起码的改动，减轻它给德国人的冲击——就像他在贡比涅最后关头所争取到的那样。可就在这危急时刻，传来两条可怕的消息。

第一条来自欧洲北部的奥克尼群岛，准确地说，来自斯卡帕湾。那里监管着1918年11月移交给协约国的德国战舰。1919年6月21日11点，还是舰队指挥官的德国海军少将路德维希·冯·罗伊特（Ludwig von Reuter）下令舰队自沉。船员破坏了通海阀和舱壁，把船留在浅水区搁浅，他们则划着救生艇登上临近的海岸。罗伊特这一挑衅和武断决定，是他在得知和约的苛刻内容以及签署日期就要到来后所做出的反应。这样一来，万一战争再次爆发，英国人就不能使用德国的战舰。但他真是选了个最糟糕的时机。

第二个消息，在埃茨贝格尔看来是毁灭性的，它来自柏林，

第五章 虚假的和平

并很快传遍整个世界：作为对凡尔赛苛刻条款的回应，昔日的帝国首都公开焚毁了1870年至1871年普法战争所夺来的法国国旗。这使得战胜国做出声明，说现在已无任何周旋余地。德国必须立刻承认这份和约，否则就再次开战。

面对敌人武力进犯的威胁，魏玛政府爆发了狂热的激进情绪。协约国的首要进攻目标肯定是柏林和魏玛吗？同时，埃茨贝格尔收到来自军官团的通知，他们表示如果和约签署，军队便拒绝保卫政府。如何决定呢？只剩不到24小时的时间可以考虑。6月22日，德国国民议会最终通过了签署和约的决议。在这之前，曾有人被误以为往埃茨贝格尔卧室的房间扔了一颗手榴弹。为了人身安全，这位新财政部长被迫离开陷入骚乱的魏玛。

米兰死后，路易丝·韦斯排遣伤痛的办法便是努力工作。尤其是《新欧洲》对和约的专题报道，她倾注的心血最多。这一期应该有着米兰梦寐以求的内容。新欧洲眼看就要诞生，而他曾是其中的先驱者。"我的文章会成为他最好的葬礼致辞，哪怕并没人知道。也许将来有一天，这些文字甚至能治愈我的创伤？"不过，路易丝·韦斯并非全然天真。一方面她全心投入新欧洲的规划，另一方面她也明白，那些最终敲定和约的绅士并非完人。他们各为其主，为了自己国家、自己政府的利益，他们会对一个更好世界的理想视而不见。路易丝·韦斯的报道捕捉到了从和谈第一天起便愈演愈烈的内部分歧。

不管以什么方式，路易丝·韦斯都想亲眼见证德国在凡尔赛宫签署和约的那一刻。正是在同一个地方，不到50年前，普鲁士国王威廉一世以一种羞辱法国的姿态宣布德意志帝国成立。1919年6月28日，路易丝·韦斯从巴黎搭火车，沿着塞纳河驶向凡尔赛宫。当天的天气不太稳定，云朵、阳光和雨点交互掠过宫殿的上空。出于对战败国的尊敬，这座建于路易十四时期的宫殿没有升起任何旗帜。

费迪南·福煦没有出席签署仪式。他不满意和约的核心内容。法国没有让莱茵河成为自己的东部国界，这对他来说无法原谅。在战后获得的无数荣誉，并没有让他改变对德国的敌对态度。因此作为抗议，这位领导协约国取得胜利的主角没有出现，尽管和约并不缺乏针对头号对手德国的苛刻规定。其中第231条清楚地载明，德意志帝国承担发动战争的全部责任。它还规定阿尔萨斯和洛林归还法国，西普鲁士和波森归属波兰；萨尔兰及其煤矿开采权交由国际联盟托管，莱茵兰由协约国军队占领；德国的军队限制在10万人内；德国要为对手的损失支付赔款，数额待定。

对路易丝·韦斯来说，和约最终没有实现和解，而是以另一种方式继续战争。这个人人挂在嘴上的世界新秩序，究竟新在哪里？整个世界通行的不还是争夺势力范围和殖民地这种老一套的利益政策？操控国际联盟主要机构理事会的不还是那些老牌大国？这个行动迟缓、没有设置执行机构的组织真的有能力来阻止战争吗？

"现在人们装模作样，要成立一个根本无法长期维持的世界政府（Weltregierung），而镜厅里的镜子一如既往，把稍纵即逝的片刻叠加成虚幻的永恒。"她为德国的代表感到遗憾，他们必须头一个在和约上签字。鉴于德国逐步增长的经济势力，本来无需战争，这些"笨蛋国家"以及欧洲的统治权日后也会落入他们手中。她也同情主持会议的法国总理克里孟梭。尽管他成就非凡，却从未成为法国总统。她还为威尔逊感到担忧。战时人们需要他的士兵，那时他们还会听他的。现在他连同他那不切实际的十四点都被英法扔在一边。路易丝·韦斯甚至还怜悯堂堂的英国首相大卫·劳合·乔治。他不是正让他的岛屿和欧洲大陆渐行渐远，没能使它成为新欧洲的一分子吗？

路易丝·韦斯的"同情"反映了和约的矛盾：战胜国几乎毫不掩饰地追求利益；而战败国惊恐无比，它们现在不得不意识到战败将带给他们灾难性的后果；至于所有曾经相信威尔逊的"民族自决权"的人们，他们的希望无疑是遭到了背叛。即便战争胜利的一方能获得赔偿，扩大自己的势力范围，但在某种意义上它们不也是失败者吗？毕竟在战事完结后，人们本来有机会共同达成一种新的、有建设性的公平精神。在国家利益至上的神坛面前，世界正义与和平的梦想已经沦为牺牲品。凡尔赛和约没有为和平提供强有力的捍卫机制，而是埋伏着逐渐升温的冲突，它们总有一天会燃起新的战争之火。

弗吉尼亚·伍尔夫饶有兴致地发现，在战争末期一度已销声匿迹的糖霜蛋糕、葡萄干小面包和各式各样的甜食，在停战后几个月里重新出现。虽然和战前相比，现有的供应仍是差强人意。

现在和约缔结了，是否标志着一切终于恢复正常？在日记里，伍尔夫稍晚才顺带提及凡尔赛的谈判经过。这位女作家对庆祝和平也不怎么感兴趣，她怀疑是否有必要"为此浪费笔墨"。在她居住的小镇里士满，庆祝游行那天正下着雨，伍尔夫只是在自家窗口观望。她感到"孤独，世界灰蒙蒙一片，对理想充满幻灭"。直到晚餐后，她才振作起来，出门转转。这时雨也停了。街角的小酒馆里，一对对喝醉酒、唱着歌的情侣拥抱着。伍尔夫夫妇在一座小山上观赏烟火，还有更美的雨后润泽景象。"红色、绿色、黄色和蓝色的球状物冉冉升起，爆开，绽放呈椭圆形排列的光束，它们化成微小的光点下沉，逐渐熄灭……当这些花火升至泰晤士河上空，在枝头闪烁，看起来是多么美丽啊。"

弗吉尼亚·伍尔夫远离伦敦的庆祝活动。因此她只记下那些在仪式结束后扔到"城市边缘的垃圾"。此外，她的女仆兴奋地和她分享她们在沃克斯霍尔桥的经历，那里"将军和士兵和坦克和护士和乐队"一同游行了足足2个小时。"她们说，这是她们人生中最盛大的场面。"而对伍尔夫来说，这就像是一场"仆人的狂欢，某种为了让'人民'感到满意和平静的东西……这种庆祝和平的欢乐情绪多少有点是刻意的、政治的及不真诚的。而且它们的进行甚至没有一刻是美的，更说不上有任何自发性行为。旗帜插得哪里都是……昨天在伦敦，到处都是乌泱泱、黏糊糊的一大帮人，就像湿乎乎挤在一起的蜜蜂一样狡猾而麻木，他们缓慢地朝着特拉法加广场移动，在周边街道的铺石路上来来回回游荡"。面对如此重要的历史事件，女作家也对自己碎碎念个不停的吹毛求疵很不舒服。但难道要像参加别人的"生日派对"那样，假装一切都很美好吗？

这一期间，前德意志皇储在荷兰过着乏味的流亡生活，靠铁匠工作打发时光。这位霍亨索伦先生已经在韦林根岛待了大半年，指导他手艺的当地铁匠扬·卢伊特（Jan Luijt）是他在岛上最先认识的人之一。威廉被安置在牧师家里，牧师一家人也成为他在这里最早的朋友。平日，前皇储也读点书，写些东西，在湖里游个泳，时不时接待些访客。岛上居民对他的敌意也慢慢有所缓和。威廉表现得平易近人，他甚至穿着荷兰的传统木鞋（Klompjes），还懂得在进入房子时必须把它脱下留在门口。威廉最大的敌人是空虚，这只有在他担心协约国会成功说服荷兰遣返他时，才稍有中断。

但前皇储的身份毕竟不同凡响，那些汲汲于搜罗纪念品的人很快慕名前来。一开始是一个美国人，他给铁匠25镑购买皇储所制作、上面还有一个W字样的马蹄铁。铁匠马上意识到这是一笔新的生意；很快，他就得在晚上秘密仿造威廉的马蹄铁，好应付日益增长的需求。对此，威廉只是耸耸肩："即使我们乖乖待在一个周围都是海草的小岛上，远离俗世，人们总是一如既往地想给我们这样的人自以为是的机会。以前他们会捡起我扔掉的烟屁股，现在则来一个绅士派头的家伙，看似慷慨地给一笔钱，而它本来可以拿去救济他家乡困苦的同胞……很多人沉迷于这种对名人的崇拜不可自拔，对此我一点儿也不感到奇怪！"不过这门生意也引发人们的批评:这个娇生惯养的霍亨索伦王子,一生都靠吸吮民脂民膏过着穷奢极欲的生活,难道在他退位后还能让他以这种方式敛财?后来人们才知道,马蹄铁的收入一半落入铁匠的口袋,一半则拿去救助韦林根岛上的贫困人家。

在这个北海岛屿夏日的平和里,关于凡尔赛和约的消息犹如一记惊雷。威廉对这一"凡尔赛强加的和平"相当失望,条约里的协议犹如一次"公开的惩戒","把我们捆起来进行盲目的报复……过分的要求,即使出于最好的合作意愿也不可能履行,这是粗暴的威胁,对任何拒绝进行压制。所有一切都是史无前例的愚蠢——这是一份把战争、仇恨和苦难化为永恒的文件。"如果说他还存有一丝希望,也只是希望凡尔赛和约可以提供条件,让他最终返回德国。1918年11月,这位前皇储是自愿前往荷兰的,然而现在他能不能回去,则要看荷兰和魏玛政府肯不肯高抬贵手。他要在这个岛上待到什么时候?在德国等着他的又会是什么?现实地说,只有他放弃一切官方身份,才会被重新接纳。

1919年5月,春天的到来让凯绥·珂勒惠支很是欢喜,和平的到来却令她很是失望:"燕子来了!一场学术会议结束后,我去了菩提树下大街……周围景色美极了,耀眼的天空,嫩绿一片,所有事物都焕发着光彩。这让我觉得,柏林这座我所居住的城市又重新称得上是首都了。我是什么时候意识到这一切的呢……现在,有一场可怕的和平向我们逼来。(被破坏的)皇宫仍未修复,从前皇帝发表演说的阳台被摧毁大半,宫门也严重损坏。这都象

第五章 虚假的和平

征着帝国昔日光辉的消逝。"从凡尔赛传来的消息，让才稍稍恢复生气的柏林又产生新的骚乱。大批群众于5月再次涌上街头。游行队伍对协约国强加的和约条款存在分歧，既有主张接受的，也有坚决反对的。在这种对立严重和情绪化的形势下，不可避免地会发生冲突。

  珂勒惠支没有参与这些公开表达意见的游行。她想做的，是把这个时代发生的一切用艺术记录下来。战败、死亡、悲痛和饥馑都是她的主题。但珂勒惠支工作起来颇不顺利。从前她能够一连好几个小时沉浸于创作，现在却烦躁不安，充满顾虑，每件作品甚至还没完成就被她彻底否定。

  1919年6月29日，报纸称新成立的共和政府签订了和约。她一直期待这一天的到来，现在却觉得痛苦。"之前我是多么盼望这一天啊！所有人家的窗户将一律挂出旗帜。我总是在想我会挂哪一面旗，后来决定应该挂白旗，上面是血红的大字：和平。旗杆和杆顶还要装饰着彩带和花束。我曾想它会是一场促成谅解的和平，我会在和约签署的当天大哭一场，那是因获得和平而感到幸福的泪水。"现在，她也有想哭的感觉，但泪水却是苦涩的。

  不过，还是有其他方法能让她振作起来。她的丈夫必须照顾越来越多的病人，其中很多人不是生病，而是没东西吃。她也有她的使命。生活必须继续。她开始清空死去儿子的房间，好让她患有痴呆症的母亲搬进去。"这是一件让人非常不好受的工作。"她在红色的柜子里发现了彼得的作画工具，他的速写本子，许许多多他曾经真实存在的证据，而且是有血有肉、多才多艺的存在。

"他的房间曾神圣无比。"现在，它将变成一间普通的房间。

自和约签署后，马蒂亚斯·埃茨贝格尔，一如他的同时代人神学家、哲学家恩斯特·特洛尔奇（Ernst Troeltsch）所说的那样，成了"所有德国政治家里最可恨的人"。艺术收藏家哈利·凯斯勒伯爵曾写到，有次他在火车上听到一位年长绅士大声地诅咒埃茨贝格尔，还说他会在这位财政部长的"座车下绑上一捆手榴弹"。不过令埃茨贝格尔最头疼的攻击是来自德国国家人民党（Deutschnationale Volkspartei）的议员卡尔·赫尔弗里奇（Karl Helfferich），他在保守派喉舌《十字报》（Kreuzzeitung）上发表了一系列文章。其中，赫尔弗里奇不只攻击埃茨贝格尔近几年所参与的政治决策，还指责他以国家高级官员的身份谋取私利。作为财政部长，埃茨贝格尔正把全副精力集中在财政改革，这也是德国历史上最大规模的一次。他竭力反驳赫尔弗里奇的言论，后者把他视为"耻辱和平"的罪魁祸首、魏玛共和国所有弊病的化身，还把他叫作"腐化国家者"，甚至是"社会的瘤疾"。1919年8月，赫尔弗里奇在一本小册子上发表了一篇裹脚布文章，题目是《埃茨贝格尔滚开！》。

和约签署之后没多久，有位弗罗迈尔先生从瑞士的温特图尔往阿诺德·勋伯格在维也纳默德林的家中寄了封信，邀请这位维也纳音乐家参加一场活动。它以巴黎为起点，旨在重建知识界和艺术界由于战争动员而遭到破坏的"国际精神"。勋伯格写了一封详细的回信，语气可说是相当刻薄。凡是遇上他看不顺眼的事——事实上真不少——这位作曲家的文字就会变得如此。他看似友好地衷心为这场和解活动从巴黎开始感到高兴，因为"从战争开始到战争结束，正是那里在尤其积极甚至可说是无所不用其极地摧毁这种国际精神，只要它与德国有关"。他还补充道，重建可不是件容易事。人们不能假装什么事都没发生过，简单发份邀请，"看起来就像是进入国联的光荣'许可'。因为有些事的确发生了！……圣桑（Camille Saint-Saens）和拉罗（Edouard Lalo）对德国音乐发表了怪里怪气的言论；有位叫克洛代尔（Claudel）的先生在停战后还在使用'德国佬'（Boches）这样的字眼"。勋伯格承认，德国是"犯了错"，"但任何地方都从未像巴黎做得如此过分"。只有由那些能和过去的错误做法划清界限的知识分子发起的活动，他才有兴趣参加。其他的活动大可不必理会，"这个社会只容许一种战争，那就是反对卑鄙行为的战争，与其进行战斗的方法也只有一种，那就是不理它"。此后，阿诺德·勋伯格再也没有收到过来自弗罗迈尔先生的消息。

和约签署结束后，路易丝·韦斯坐在空荡荡的镜厅里，看着遗留下来的凌乱椅子，她感到不只在这个世界，还有她自己身上，有些东西已一去不返了。这个充满希望的春天以如此令人失望的方式画上了句号，她突然无法想象自己的余生要坐在那间狭小的编辑室度过。她想要离开巴黎，对于欧洲这块她已写过不少相关文章的土地，她要去亲眼见识。她想了解世界，为她信奉的和平、也为米兰曾经信奉的和平做出贡献。

　　路易丝·韦斯几乎没有存款，但这并不影响她的出游计划。她从事新闻工作期间广受敬重，结识了不少人。捷克斯洛伐克的外交部长爱德华·贝奈斯曾介绍《小巴黎人报》(*Le Petit Parisien*)的主编埃利·约瑟夫·博伊斯（Élie Joseph Bois）给路易丝，她前去拜访。这份报纸的日销售量超过100万份，它对一位政治家的支持与否足以左右选举结果。面对路易丝，博伊斯从他那满是文件的写字台抬起头，不太高兴地说："有什么我能为您效劳的吗？"路易丝意识到他不会给自己太多时间，必须直奔主题："请您任命我做布拉格的通讯记者吧，《小巴黎人报》在巴黎已是首屈一指，它也会成为布拉格最好的报纸。"博伊斯从椅子上站起来，在房间里踱步。然后，他拍拍她的肩膀："这不合适！"他不能送一位穿裙子的女记者去还在打仗的地方。"但我有这个能力。"路易丝·韦斯坚持道。对于这点，主编不得不承认。以上帝的名义，那就让她去吧。"但我给不了您任何承诺。您寄一些文章给我。如果领导喜欢，我就发表它们。"

　　1919年7月14日，巴黎举行胜利大游行，这是即将动身的路易丝·韦斯对法国首都的最后印象。那天，协约国部队从凯旋门出发，沿着香榭大道朝卢浮宫的方向前进。霞飞元帅（Marshal Joseph Joffre）和福煦元帅被尊奉为神一般。但对于那些来自殖民地的黑人士兵和印度士兵，路易丝·韦斯感到愧疚，他们响应欧洲的号召，为一场与他们无关的战争成为杀人机器，甚至牺牲了生命。她不知道如何改变这一切，但她明白改变必然得做出。她写道，把战争用铁丝网围起来，"给它编制一整套命令口号，把它和正常世界隔离开来，然后说什么照顾伤者、纪念死者、让战争'符合人性'，这简直是闹剧！任何情况下都不能容许发生战争，它必须被彻底废除。"

在 8 月的一个温暖夜晚，路易丝·韦斯在巴黎东站登上了前往布拉格的列车。列车一部分还是装甲车厢。而除了"5000 法郎的存款，26 岁的年纪以及她的信仰"，这位女记者没有任何武器。没人送她去火车站，甚至她的父母也没有前来祝福她一路平安。

1919 年 10 月 21 日，弗吉尼亚·伍尔夫在邮箱里发现了 6 本退回来的《夜与日》。"我是否为此感到不安？惊讶倒是有点；更多的是激动和自豪。首先，因为书已经印出来，就这样了；然后，我读了一点内容，觉得还不错；再然后，我多少还有点信心，那些我看重他们意见的人应该会喜欢它；这事让我更加确信的是，即使知道有些人不那么喜欢，我依旧会继续写作，并且写一个关于我的新故事。"

伍尔夫收到的首份读者回应使她燃起希望，她的姐夫克莱夫·贝尔（Clive Bell）写道："毫无疑问是一部天赋之作。""我承认这对我非常受用；我并不相信它有他说得那么好。但总而言之，这让我放下心来。"她开始在核心文学圈里有了点名气，但她也发觉，自己还是不能摆脱撰写文学评论的工作。她成天打字，稿子按件计酬，有时候能做到每天给一本小说写评论，这让她的手疼得就像得了风湿。《夜与日》的首批书评出来了，不乏溢美之词，但也有些严厉批评,指责她的作品并没有达到她自身文学主张的高度。将来她是否真的能摆脱"为面包而写作"呢?

此前,伦纳德在锡兰(现称斯里兰卡)染上了疟疾,在他康复期间,伍尔夫又一次认识到,"我的成就是多么依赖于他的支持。"带着点嘲讽和不自信,她一点一点记录下自己在文学上的进步。不久,在塞西尔子爵夫妇[1]那里,她"首次以一位知名人物亮相"。当天除了东道主的儿子,还有罗马尼亚亲王安东尼·比贝思科(Antoine Bibesco)及他的妻子伊丽莎白在场,后者是前任英国首相赫伯特·亨利·阿斯奎斯(Herbert Henry Asquith)的女儿。亲王夫妇很高兴有机会能结识这位作品流传甚广的女作家。席间,伊丽莎白和弗吉尼亚·伍尔夫退到一处凸窗旁闲聊,这位出身显贵的亲王夫人表现得相当局促。尽管伊丽莎白有着训练有素的头脑,而且她一位亲戚也是作家,却从未谋求对文学做出高人一等的见解。她不敢反驳伍尔夫,就好像她不愿冒犯那些"知识分子"。伍尔夫沉浸在优越的满足感中无法自拔。成功的感觉便是如此吧。

1919年秋天,鲁道夫·赫斯随着罗斯巴赫自由军团的几千名士兵一同前往巴尔干。尽管魏玛政府在1919年10月已明确表明,禁止编外的德国部队参与波罗的海以南地区的战事。国防部长诺斯克甚至威胁说,要把每个越过巴尔干边界的人枪毙。但自由军

---

[1] 丈夫为罗伯特·塞西尔(Robert Cecil, 1864—1958),英国政治家,国际联盟创始人之一,1937年获诺贝尔和平奖。

团无视这一命令。他们来到帝国的东部边界，用机枪对准边界守卫，于是后者向他们敬礼，让他们通过。这种擅自行动的做法令罗斯巴赫自由军团很快遭到解散，此后它便转入地下活动。

在巴尔干，罗斯巴赫自由军团加入了由当地德裔部队、俄罗斯士兵和德意志帝国残余部队所组成的"西俄罗斯志愿军"（Westrussischen Befreiungsarmee），他们正与新成立的立陶宛共和国作战，并准备前去镇压俄罗斯革命。这场战事中对待平民的暴行，赫斯直到生命最后还记忆犹新。自然，对他而言，这些老百姓都是敌人。"（其）残忍和无情之程度，是我在世界大战和自由军团后来的战事里都未曾经历过的。几乎没有真正意义上的前线，到处都是敌人。哪里发生战斗，哪里就有屠戮，甚至灭绝。"赫斯目睹过大火吞噬房屋，居民被活活烧死。焦土和尸体的景象伴随了他一生。"那时，我能一边祈祷，一边做出这种事。"

第六章　复归结束

我们对德国感到厌倦。改革的过程如同一次肉体折磨……我们总是陷在爆炸的闪光里,我们所处之地总是烈火焚身……而且,还夹在新旧两种秩序之间左右为难……于是我们拥有了可怕的力量,躁动、没有归属且身受诅咒,凭借作恶的意志不断壮大。

——恩斯特·冯·萨洛蒙,《亡命之徒》,1930年*

---

* 恩斯特·冯·萨洛蒙(Ernst von Salomon,1902—1972),德国作家,曾参与右翼的自由军团,后因伪造爆炸案而被拘留,其间完成小说处女作《亡命之徒》(Die Geächteten)。

1920年1月26日14点30分左右，马蒂亚斯·埃茨贝格尔踏出了柏林莫阿比特区法院一号法庭，那里正公开审理他控告卡尔·赫尔弗里奇诽谤一案。埃茨贝格尔坐进自己专车的后座，这时，一个年轻人猛地跳上车门踏板，近距离朝这位财政部长开了两枪。一颗子弹打中埃茨贝格尔的肩膀，另一颗则为他的表链所阻挡。一旁受到惊吓的人们很快反应过来，他们把凶手打倒在地，并牢牢捉住了他。大失血的埃茨贝格尔被送往医院。他挺了过来，但精神上的创伤挥之不去：这样的袭击防不胜防，自己完全无能为力。

1920年3月12日，埃茨贝格尔诉赫尔弗里奇的案子宣判结果。赫尔弗里奇因恶意诽谤被判罚300金马克。但真正的败诉者是埃茨贝格尔，因为法院认定，赫尔弗里奇对财政部长的攻击绝大部分都属实。于是在别人眼里，现在埃茨贝格尔真成了一个利用职务之便、为自己及身边人谋取好处的卑鄙政客。埃茨贝格尔决定暂时离开岗位一段时间，直到新的审判程序启动，重新审核赫尔弗里奇对他的非议。右翼媒体为此大肆庆祝。即便连凯绥·珂勒惠支都相信了,"埃茨贝格尔看来原形毕露了,他就是一个投机倒把的家伙。"

从 1919 年夏天到 1920 年年初,我们离开了特勒尔奇所说的"停战后的梦乡",离开了炽热的彗核,那里的高温促生了种种不切实际的幻想,随即便燃烧殆尽。在许多日记、信件和回忆录里,人们的情绪在凡尔赛和约签订后发生了变化。生活逐渐恢复秩序。但在有些国家,战争的结束带来天翻地覆的变动,人们的生活陷入了混乱,甚至是危险的境地。苦日子看来永无尽头。

现在,前景愈发黑暗——一个毁灭一切、充满仇恨的世界,正通过不断涌现的暴力成为现实。两种极权主义意识形态各据一端,以对方的灭绝互相要挟。接下来要到来的,是极端的年代。

"一场彻底变革——死人……喧哗和恐惧。"1920 年 3 月,阿尔玛·马勒去魏玛拜访仍是她丈夫的瓦尔特·格罗皮乌斯。她在大象旅馆下榻,在 3 月 13 号那天,她从旅馆窗户看到让人不安的一幕:"我眼前的市集广场,黄昏时响起了巨大的骚动。工人们朝卡普政变那些戴钉盔的年轻士兵啐唾沫,后者动也不动。人们还咆哮起来。"在德国国民议会所在的魏玛,阿尔玛可以近距离关注卡普政变的进展,它试图推翻新生的德意志共和国。除了魏玛,自由军团也控制了柏林。埃尔哈特海军旅[1]开进首都,许多士兵在头盔上画

---

[1] 卡普政变的主力,以其领导人赫尔曼·埃尔哈特上尉(Hermann Ehrhardt)之名命名。

了白色的万字标记。以艾伯特为首的魏玛政府决定撤出柏林，同时号召工人举行大罢工。作为此次政变的领导人之一，地方长官沃尔夫冈·卡普（Wolfgang Kapp）被他的同党推选为新的总理。

从大象旅馆的窗户里，阿尔玛·马勒还看到一位政府代表试图在右翼的卡普党人和左翼的反对示威者之间居中斡旋，但没能成功。夜色瞬间笼罩城市，"一点光亮也没有。黑暗中的群众比白天时更叫人害怕。不时有人擦亮火柴点烟。害怕被抢劫的恐惧堵在我们的喉咙里。我们几乎不敢大声说话。"

显然，这一时期的人们不只是在大街上表达他们的想法。在包豪斯任教的俄罗斯艺术家瓦西里·康定斯基（Wassily Kandinsky）对阿尔玛·马勒口出秽言，只因她爱上了犹太人弗兰茨·韦尔弗。康定斯基和他的妻子"用'犹太人的奴仆'和其他类似的词语称呼我"。如此矛盾的事，偏偏就发生在她身上：一方面，阿尔玛和瓦尔特·格罗皮乌斯一样，从未掩饰自己对犹太人的厌恶，但另一方面，她不只与许多犹太人交好，还先后嫁给了两个犹太人——古斯塔夫·马勒和弗兰茨·韦尔弗。

这次德国历史上最大规模的罢工，在第二天就展现了它的影响。对此，阿尔玛回忆道："下水道没人清理，大街上弥漫着可怕的味道。人们必须去远处打水。但最可怕的，是工人们不让掩埋死人。尸体被随便扔在坟地上，大学生夜里偷偷摸去，却被在那里看守、人数上占优势的工人赶走。尸体就这么暴露在空气里好几天。今天，是战斗中所牺牲的工人的葬礼。送殡队伍从我窗前经过，他们举着一眼望不到头的标语：罗莎·卢森堡万岁！李卜克内西万岁！包豪斯学校的人都来了，瓦尔特·格罗皮乌斯还看见好几位政府部长也在队伍中，他为他之前让我不要参加感到抱歉。我倒只希望他自己不要过多卷入政治。被打死的军官被胡乱掩埋，如同得了疥癣的癞皮狗。他们不过是有薪酬的奴隶罢了。是的，世界充满'正义'。"5天后，沃尔夫冈·卡普就逃到瑞典去了，政变以失败告终。它不仅没有民意基础，更重要的是，它没有得到国家机器的支持。不过，德国的这个3月表明，对革命抱有幻想的不只是左翼。革命所拥有的能量，它振奋人心的影响，精心组织运动所展现的威力，以及它对群众的动员和颠覆一切的意愿——所有这些因素都存在于政治光谱的两端，一如双方都相信，为了消灭对手可以使用无情的暴力。至少，魏玛共和国又挺过了一次严峻的考验，但这不是它的最后一次。

凯绥·珂勒惠支在柏林见证了卡普政变："反革命现在开始行动了。今天早上举着黑白旗帜的保皇党军队从德贝里茨开来。政府出逃，公共建筑被占领，《前进报》和《自由报》被封禁。街上人们一群一群地聚集着，每个人都像被罚站似的。现在接下来会怎样？又是3月，这个令人不安的月份！"女艺术家生活在对新的"兄弟阋墙"的恐惧中。"当我听说这次事变时，我的胸中就像灌了铅似的，异常沉重。"

几天后，她和一位年轻的朋友海伦娜聊天。珂勒惠支很少能如此透彻、如此坦诚地与比她年轻的人谈起他们共同生活里的种种断裂。海伦娜不是那种在德国爆发战争和革命时会满腔热血的年轻人。她为自己在乱世没有丈夫和孩子感到遗憾，并以一种宿命论的态度看待这个世界，只想随波逐流，也许去旅行，最终成为时代的附庸。"这一代的女孩很少像她那样令我感到触动。"珂勒惠支在日记里写道。"每个人都要找到自己的路，穿过眼前这个复杂变形的世界。"作为一个上了年纪的女人，她的生活和别人没什么不同，但至少，她在心里想，她拥有对一个更好生活的回忆。战争让凯绥变成一位和平主义者，革命的爆发让她燃起了对一个实行共和体制、更人道、更公平的社会主义德国的希望。然而现在这些都破灭了，留下的只有对过去的无限追思。

对前皇储来说，卡普政变摧毁了他很快就能回国的希望。1920年初，德国的政治局势似乎已有所缓和，本来可以容纳他成为这个国家里的一个普通公民。但政变让这一梦想落了空。威廉非常失望，尽管他可以从更好的角度来理解这件事：对德国的右翼人士来说，他仍然是一个有其象征意义的人物。否则如何解释卡普政变背后的主事人在政变爆发前便联系了他？他们想看看他是否有意在政变成功后，作为复辟的君主登基。威廉曾经和这些意图发动政变的人一样，相信共和体制并不适合德国。他曾认为必须要有一个凌驾政党纷争、作为稳定性代表的中心人物，比如国王或者皇帝。他也曾认为，若要赋予君主制国家全新的政治面貌和合法性，他比他的父亲更合适。然而，战争和革命的经历也让他认识到，一种新的君主制不能在违背人民意愿的情况下强行成立。因此他给对方做出清楚的答复，他或许私下里还认为，他们谋划的事不会真的发生。

协约国和威廉的东道主荷兰并没有低估这位前皇储自身所代表的政治风险。他返回德国的希望被看作一种具体的威胁；外面关于他计划出逃的谣言满天飞，无论是乘船、坐潜艇还是搭飞机的版本都有。当卡普政变的消息在欧洲范围传开时，韦林根岛岸边甚至来了一艘鱼雷艇驻扎。在政变期间，船上的士兵还真的炮轰了一架接近岛上的飞机。但最后发现这是一架惨遭"自己人误击"的荷兰飞机。这次回国希望的破灭，被皇储看作"我人生中最艰难的一次考验"。

听闻卡普政变的消息后，前皇储看待流放寓所门口小花园的眼光也不同了。到目前为止，他从来没关心过这一隅之地，任其生长。因此，早春的第一道阳光所到之处，是杂乱的灌木丛和未经修整的花圃。现在，既然知道自己可能还得在这里捱上几年的时间，威廉觉得有必要好好打理一下了。他抓起一把十字锄，用力插进地里，"直到把我的手弄痛"。

1920 年 3 月 20 日，特伦斯·麦克史威尼听说他最亲密的伙伴之一、相交多年的老友托马斯·麦柯廷（Tomás MacCurtain），被爱尔兰保安队的人杀害了。那天——当天还是麦柯廷 36 岁生日——清晨，一群涂黑了脸的男人闯进麦柯廷家。他们抓住麦柯廷夫人，同时朝他们的目标对象开火。身为科克市长的麦柯廷身中数枪，从楼梯上滚了下来，随即死去。

麦克史威尼将成为新的科克市长。他明白，这会让自己比以往更加暴露在危险中,他也明白,自己必须参加由爱尔兰自由战士所策划、针对杀害麦柯廷凶手的复仇行动。正如迈克尔·柯林斯后来所强调的,它将是一种"恶性循环,一场死亡赛跑"的开始,因为爱尔兰自由战士现在不只是要对抗英国佬,还要与忠于英国的爱尔兰人作战。

1920年4月10日,弗吉尼亚·伍尔夫在日记里写道,她"准备开始写作《雅各的房间》"。现在,这部符合她为"现代小说艺术"所设立的崇高标准——捕捉生活精髓——的小说,终于要被创作出来了。她在特意为此准备的另一本笔记本上提出:"核心是,我相信它必须不受拘束。"在这句话下面,她勾勒了小说的开头,从主人公雅各的童年讲起:雅各和他的母亲及哥哥住在一处温泉疗养地,还是孩子的雅各溜去勘察沙滩和海洋,与贝壳和螃蟹玩耍,却引起母亲的不快,后者既担心又生气,便和雅各的哥哥一起去找他。即使是风景如画的海边,也有着种种可怕的东西:溅起的海浪,黑黢黢的岩石,死去绵羊白花花的头盖骨。随着故事展开,我们看到雅各的人生便是由家庭、学校和军队所组成的无数围场。1914年,这个年轻人——他姓"弗兰德斯"[1]并非偶然——最终在世界大战中消失了。小说的最后,母亲在儿子收拾完毕的空房间里兀自悲痛,那里只剩下一双鞋能证明雅各曾经来过这个世界。终其一生,雅各都缺乏自己的立足之地,缺乏自由呼吸的

---

[1] Flanders,暗指一战期间发生过多次战役的弗兰德斯地区(又被称为佛兰德或弗兰德)。

领域,他短短十余年所栖居的"房间"不过都是些逼仄的囚室。最终他走了,它们还在。

1920年3月7日,费萨尔一世在大马士革被拥为叙利亚国王,此前,叙利亚国民大会宣布成立独立的阿拉伯王国。但一些消息灵通的旁观者知道,在巴黎的折中方案出台后似乎要为叙利亚独立打开的那面希望之窗,此时已经重新关上了。

托马斯·E. 劳伦斯给英国首相寄了一封热情洋溢的信,但随后他便逐渐认识到,自己的期待不过是种错觉。离开巴黎后,他大部分时间待在牛津。同住的母亲很担心他。经历了艰辛的战争和曲折的和平,劳伦斯的情绪越来越低落。他吃完早餐总是在同一个地方坐着,动也不动,神色木然。在万灵学院,他反复阅读着查尔斯·蒙塔古·道蒂(Charles Montagu Doughty)的长诗《被逐出的亚当》(Adam Cast Forth)。这首诗的主题是亚当和夏娃被驱逐出伊甸园。

导致劳伦斯情绪不稳定的,还包括母亲在父亲去世后向他透露了家里至今严守的秘密。他这才知道这个自己早就有所察觉的事实:父亲使用了假名,而他自己的真名是托马斯·罗伯特·泰伊·查普曼(Thomas Robert Tighe Chapman)。查普曼家族是英裔爱尔兰贵族,在都柏林附近拥有大片土地。作为家族继承人,父亲年轻的时候便拥有无限美好的前途。他娶了同样来自富裕家庭的伊迪丝·萨拉·汉密尔顿,和她生了4个女儿。然而他们的婚姻并不幸福。当妻子对宗教的热情控制了这个家,查普曼开始酗酒。这位一家之主越来越闷闷不乐，只有踏进苏格兰保姆萨拉·劳伦斯的房间时，他脸上才会露出笑容。两个人就这样有了私情。1885年，萨拉怀孕了。查普曼竭力隐瞒，试图在都柏林给萨拉母子租一个房间，这样他可以经常去看望。但妻子发现了这段婚外恋和私生子的事，逼他做出选择。这对查普曼来说不是件容易事。权衡再三，最后，他抛弃了显贵的身家，和出身底层的萨拉过起了简朴的生活。两人从未结婚，隐姓埋名地辗转于不同的地方安家。他们共生了9个孩子，其中6个长大成人。劳伦斯直到1919年才明白，为何父亲很少工作，喜欢打猎，还能说一口流利的法语，各方面都受过良好的教育。现在劳伦斯看到自己性情多变的源头：原来他既是贵族的后裔，也是为人所不齿的私生子。

在这样的精神状态下，劳伦斯接到中东地区传来的震惊消息。1920年4月举行的圣雷莫会议确立了地中海以东地区未来的统治秩序，而叙利亚王国的命运也就此注定。它给出的解决方法是所谓的"委任统治"，由刚刚成立的国际联盟赋予其合法性。最终，在威尔逊所提出（并引起世界许多民族共鸣）的民族自决主张和殖民强权的势力扩张之间，与会者们达成了一种妥协：一方面，战败国的殖民地得以避免被胜利者用简单残暴的方式瓜分；另一方面，殖民地也没有获得独立。更确切地说，它们将在国际联盟的保护下，慢慢发展为一个"成熟"的独立体。国际联盟将其交由个别国家进行"托管"：叙利亚和黎巴嫩划归法国，巴勒斯坦和美索不达米亚（即后来的伊拉克）则交给大不列颠帝国接管。法国毫不掩饰地力图扩大它在被委任地的统治权力。圣雷莫会议做出决定后没多久，法国便干涉叙利亚内政，并出兵攻打这个新生的阿拉伯国家，其政权在国际社会看来是不合法的。法军在麦塞隆一役取得决定性胜利。因此，加冕没多久的费萨尔一世被罢免，流亡英国。对中东地区来说，这是一次关键性的转折，它奠定了那里一直持续到今天的冲突局势。即使劳伦斯对实现阿拉伯独立本来还存有些许幻想，这时它们也都灰飞烟灭。

与此同时，韦林根岛入夏了。普鲁士的威廉依旧是岛上的囚犯，住在小木屋里的遁世者。在热得让人提不起劲的日子里，从波茨坦又传来一条更叫人难受的消息：威廉的弟弟，约阿希姆王子，在波茨坦无忧宫内的利格尼茨别墅自杀身亡。卡普政变失败后，原本在战后就陷入抑郁的约阿希姆王子更是失去了对恢复霍亨索伦王朝统治的一切希望，他感到生无可恋。1920年6月18日[1]，王子拿起他的左轮手枪朝自己射击，伤势严重，不久便去世了。然而，面对这一可怕的消息，威廉却感到自己想要继续活下去。即使在新时代里苟且偷生，也好过扔下一切、赶赴黄泉。何况虽然帝国成了共和国，霍亨索伦王朝也没有失去昔日所拥有的一切。他们保住了大部分皇家财产，内心深处依然埋伏着对江山再起的期望。或许1918年的革命并不是最后一场革命呢？

1920年8月，特伦斯·麦克史威尼身边的人发现，这位新上

---

[1] 据查，约阿希姆王子于1920年7月18日自杀，原作的时间疑似有误。

任的科克市长快要累垮了。他既要为爱尔兰议会奔走，同时又得分神处理家乡的事务，还总是担心被捕或遇刺，所有这一切让他疲惫不堪。好几个月以来，麦克史威尼没有一天晚上是在自己的床上入睡的。爱尔兰共和军在他的办公室派驻了防卫部队。而对女儿玛丽来说，父亲就是电话里的声音；每次电话一响，小女孩都高兴地抓起听筒。然而，威胁步步进逼。最后，关于他去世的谣言甚至传到麦克史威尼自己耳中。他的医生建议他去度个假，好好放松一下。

然而，这一天永远不会到来了。1920 年 8 月 12 日，军队出动数百名士兵包围了科克市政厅，特伦斯·麦克史威尼的办公室就在里头。他试图从后门逃走，但一出大楼就遭到逮捕，被带到维多利亚兵营。他身上的私人物品被搜走，据说当地警方在其中发现了一份密码表，它被看作他进行非法活动的证据。之后没多久，穆丽尔·麦克史威尼便目睹丈夫被一辆军用卡车载走，送往军事法庭接受审判。被释放的爱尔兰共和军战士告诉穆丽尔，麦克史威尼在被捕后立即发起了绝食，并呼吁狱友一起参与。她很了解自己的丈夫，知道他开始绝食后，不管别人是否响应，他自己会贯彻到底，拒绝任何食物。穆丽尔无法忍受自己看到他憔悴的面孔，却无能为力。就算她亲手给他递过一块面包，他也不会吃的。"从我听说我的丈夫在绝食的那天起，我就相信他不会活着出来了。"

1920 年 8 月 16 日，对特伦斯·麦克史威尼的审判开庭，爱尔兰和英国的媒体都对这位此时变得家喻户晓的人物非常关注。庭审间隙，穆丽尔得以和丈夫用爱尔兰语进行短暂交谈。尽管 5 天来的绝食让他的脸明显消瘦,但他的意志仍显得坚强无比。为了回应庭上对他的指控,麦克史威尼站起身来,面无惧色地走向他的审判者。他明确指出,这一切针对他的审判都是非法的。"爱尔兰共和国已经诞生了",他如此宣布道,因此英国对爱尔兰的统治已是过去式,它不应该妄自代表共和国对他进行审判。

当法庭判他最少2年徒刑时,麦克史威尼再度提高了声音:"不管你们的政府如何判决,我都会在1个月内获得自由。"他说,通过5天前开始的绝食,他把囹圄里的命运掌握在自己手里,同样,他也会用这一手段自己争取获释。

1920年8月18日,莫伊娜·迈克尔看到《亚特兰大宪政报》(The Atlanta Constitution)上的一条简讯,它将改变她的人生。自她离开纽约和开始推广虞美人花,已经18个月过去了。只是,虽然她不眠不休地努力,设计师李·基迪克也花了不少钱在全美做宣传,虞美人花却没有取得预期的成功。莫伊娜·迈克尔快支持不住了,她眼看就要放弃对复员军人的关注,退回到自己的教书事业中去。

这时,报纸上的简讯让她重新燃起希望。此前她并不知道,1919年3月,一些美国远征军士兵在法国的土地上筹建了美国退伍军人协会(The American Legion)。报上说,退伍军人协会的佐治亚分部将召开会议,地点就在离她家乡阿森斯100多公里的奥古斯塔——这真是黑暗中的一丝曙光!她没有半点迟疑,立刻拿上1箱人工制作的虞美人花,以及那本刊载约翰·麦克雷的诗并配有插图的杂志——当时就是它给了她启发——驱车赶往亚特兰大，那里，3名美国退伍军人协会的代表正准备动身前往奥古斯塔。她说服其中1位在即将召开的会议上提出她精心准备的方案。

之后几天，莫伊娜·迈克尔可说是坐立难安，度日如年。终于，从奥古斯塔传来令人振奋的消息：佐治亚分部采纳虞美人花作为它们纪念一战牺牲士兵的象征，并且还决定，要在接下来退伍军人协会的年会上提议，让虞美人花成为全国所有分部纪念活动的代表。与此同时，虞美人花还走向了世界。因为法国人安娜·介朗（Anna Guérin）也参与了会议，她是美法儿童协会的创始人。自战争结束以来，她便在美国各地为受到战火波及的法国儿童募款。安娜·介朗看出虞美人花的潜力。她安排法国的战争遗孤制作红色的虞美人花别针，然后销售到美国，所得收入用来救济法国的战争灾民。

安娜·介朗让虞美人花的宣传获得世界范围内的成功：1921年，她派出法国妇女前往伦敦参加一次虞美人花的销售活动。她还说服了英国皇家退伍军人协会（The Royal British Legion）的主席道格拉斯·黑格（Douglas Haig），请他向英国人大力宣扬虞美人花。最后，通过派遣代表，她还成功在英联邦地区——主要是加拿大、澳大利亚和新西兰——发起捐款活动。很快，至少在自1921年起每年11月举行的国殇纪念日上，绝大多数的英语国家都统一使用虞美人花作为纪念象征。莫伊娜·迈克尔实现了她1918年11月的理念，国殇虞美人花取得了属于它的胜利。

途经威尔士和伦敦，特伦斯·麦克史威尼被押送到布里克斯顿监狱，作为编号6794号囚犯安置在医院。对绝食整整一周、只喝了点水的他来说，这趟旅程可谓十分难熬。他刚抵达布里克斯顿，一份报纸就评论说，不确定麦克史威尼是否能活到隔天晚上。狱方工作人员不断送些可口的食物到他床边，但麦克史威尼碰也没碰一下。为了节省体力，他大部分时间都待在床上。他想尽可能久地坚持下去。一来英国政府可能为此让步，另一方面，他希望这能让媒体和公众持续关注他的案子。

然而，饥饿开始让他付出代价。麦克史威尼皮肤过敏，并且好几处开了口子。他肿胀的关节疼痛不堪，而他的身体为了获取营养，分解了肌肉。一名神父被招来，准备进行临终祈祷，为他虚弱不堪的身体涂油。

然而，这名爱尔兰汉子比医生认为的还要坚强。他在被捕的4周后仍然活着，每天都成为爱尔兰、英国和北美报纸的头条新闻。迈克尔·柯林斯已带着爱尔兰共和军战士从都柏林出发，渡过爱尔兰海，准备进行一场解救行动。这时，目击者带来消息，说特伦斯·麦克史威尼的身体已经完全动不了了。他为了省力，只在最必要时才说话，每一天都是垂死挣扎。一份请愿书送到了国王乔治五世手里，它的起草人请求国王行使他的特赦权力。然而英国政府对此充耳不闻。这不是爱尔兰解放人士的第一次绝食抗争，如果做出让步，那大不列颠就是在告诉世人谁都可以勒索它。因为麦克史威尼已经清楚地表示，他绝食的目的只有一个，就是立刻将他从监狱释放。不过，与其说英国政府担心这个男人的健康，怕他在和帝国的斗争中死去，还不如说它更担心爱尔兰的局势。麦克史威尼的死会导致爱尔兰南部的公开叛乱，也会让这位科克市长成为烈士。9月初，已经有4000名都柏林工人组织起来，准备参加为科克市长举行的祈福弥撒。反过来说，如果放了麦克史威尼，那些亲英的爱尔兰统治阶层恐怕会失去为陛下和帝国效劳的信心，甚至引发他们的强烈抗议。到了9月中旬，特伦斯·麦克史威尼的身体状况如此糟糕，终于再也撑不下去了。为了保住他的性命，他被强行灌食，就像之前人们对其他绝食抗议者所做的那样。

1920年10月11日，经过双方律师数月以来的谈判，多年来形同陌路的瓦尔特·格罗皮乌斯和阿尔玛·马勒终于正式办了离婚。为了让法庭有清楚的判决依据、尽快走完程序，他们捏造了一起和现实生活恰好相反的婚外情事件。一名特意雇来的私人侦探作证说，他当场逮到瓦尔特·格罗皮乌斯和情人在开房。法庭信以为真，结束了两人这段缔结于战时、大多数时候形同空文的婚约。

对瓦尔特·格罗皮乌斯来说，离婚除了意味着他从此失去对女儿曼农的抚养权，还在他心里留下了烙印。尽管后来他与一位已婚的年轻女艺术家开始了异地恋，但格罗皮乌斯仍感到孤独，并为自己剧烈的情绪波动所苦。在信里，他反复把自己比作"流星"："我又绕了宇宙一大圈，好几亿万年过去了。我拿我的生命做赌注，它总是孤注一掷，熬过了这次爆炸就继续。我已经爆炸过10次了，但灵魂的碎片还活着，是的，它们的力量实际还在增长。这期间我和我深爱的妻子离了婚……现在的我,更加是宇宙中的流浪之星,没有异性的港湾让我停靠。"

与此同时,包豪斯需要格罗皮乌斯全身心的投入。他在魏玛共和国内四处奔走,为建校筹措款项。然而,这所新成立的工艺美术学校还在创始阶段就有严重的内部矛盾。包豪斯的教授之一、瑞士画家约翰·伊顿(Johannes Itten)在身边聚集起一小群追随者。伊顿是一位富含魅力的克里斯玛型领袖,他将琐罗亚斯德的理念引入艺术创作,要求他的学生过一种严格律己的生活,包括多吃大蒜、冥想和优律司美[1]。他们剃光头发,穿伊顿所设计的一种长罩袍。凭借年轻人的支持,伊顿试图压倒其他教授,成为包豪斯的偶像级人物。这引发了冲突,格罗皮乌斯不得不介入:"辛格-阿德勒[2]这一犹太智识圈子太活跃了,遗憾的是连伊顿也牵扯进去。他们想利用他掌握整个包豪斯。于是雅利安人提出抗议,这可以理解。""雅利安人"对抗"犹太人"——还是在前卫的包豪斯!这一次,格罗皮乌斯成功化解了纠纷。

1920年10月初,绝食抗议6周的特伦斯·麦克史威尼依然活着,他的支持者开始相信这是一个奇迹,而他的政治对手怀疑有人暗中给他塞食物。但他的便盆就像医生所记录的那样,总是

---

[1] Eurythmie,源自希腊语,意为和谐有韵律的动作,为20世纪初奥地利哲学家鲁道夫·施泰纳(Rudolf Steiner)所创,是一门将对语言和音乐之美的领略通过肢体动作表达出来的艺术。

[2] Franz Singer和Bruno Adler,两人都是伊顿的学生。

空空如也。尽管身体状况非常糟糕，他还保持着生命迹象，可以稍微动一下身子，而且神志清醒。因此他能感受到自己的身体是如何和这个世界告别的。他的背部出现水肿，心跳也越来越微弱。他抱怨他的双臂刺痛和发痒；此外，医生还诊断出肺结核。

1920年10月17日，绝食66天后，人们告诉特伦斯·麦克史威尼，一位和他同时被捕且共同发动绝食抗争的人死去了。在爱尔兰，共和军和警察之间的暴力冲突越来越多，双方的死亡人数都在增长。

特伦斯·麦克史威尼频繁出现谵妄症状，狱医便趁他不省人事时给他喂食肉汤。1920年10月24日，绝食抗议第73天，当晚麦克史威尼的哥哥肖恩和神父被允许留在狱中过夜。隔天一早，他们来到麦克史威尼床前，发现他睁着眼睛，却动也不动，毫无意识。神父在他耳边轻声祈祷，而医生们试图用一剂士的宁注射来挽回这个垂死之人。但他虚弱的身体毫无反应，几分钟后，微弱的呼吸便永远停息了。根据记录，麦克史威尼最后说的一句话是："你们必须作证，我是作为爱尔兰共和国的战士死去的。上帝保佑爱尔兰！"

这位科克市长的死震动了全世界。北美许多城市，还有巴黎和贝尔法斯特都为他举行了纪念游行。1920年11月1日，麦克史威尼在科克的圣芬巴尔公墓（Saint Finbarr's Cemetery）下葬，有大批支持者为他送行。科克的同志，那些和他一同拒绝进食的伙伴，继续发起绝食抗争。

阮爱国也为科克市长的死感到震惊，同时也十分钦佩他坚定的信念。同样是为自己祖国的独立而奋斗，这时的阮爱国选择了另一条道路。自凡尔赛的努力付诸流水，他越来越寄希望于他所信奉的马克思列宁主义，并宣称——这时他还是法国社会党的成员——殖民主义是资本主义剥削的一种形式。他在巴黎的活动范围是有限的，因为法国情报机构持续对他进行跟踪。他的护照被拿走，这样他就不能离开这个国家。此外，越南反抗人士的圈子里也混进不少密探。凡是出现了阮爱国及其同志姓名的革命出版物，有不少都被情报机构买去了。受到这样的监控，再加上孤立无援，为之奋斗的家乡又远在千里之外，阮爱国便把他全部的希望都寄托于一场世界革命。当全世界受压迫的人民都起来反抗，他相信，越南也会为了它的解放而战斗。

1920年12月初，索格门·特赫里瑞安在巴黎生活了一段时间后，经日内瓦来到柏林。正如日后他在法庭上所说，当时他寄宿于一个住在奥古斯堡大街51号的同乡那里，且有向当地警察局报备，说自己准备在柏林学习力学。

1921年2月，特赫里瑞安刚从柏林动物园那边过来，突然听到身后有人在用土耳其语交谈。"帕夏"这个词传入他的耳朵。特赫里瑞安转过身，认出其中一人是奥斯曼土耳其帝国的前内政部长塔拉特·帕夏（Talât Pascha），他便是那个要为亚美尼亚大屠杀负责的家伙。特赫里瑞安跟踪这伙人到了一家电影院。当他走进电影院时，身体突然不太对劲，脑海中又浮现大屠杀的景象。他不得不离开。幸好这一次没有像以前那样全身痉挛不已,他还站得住。几星期前他曾在大街上晕倒,之后他在卡西尔教授那里接受治疗。

1921年3月的第一天,特赫里瑞安带着某种不明所以的焦虑回忆起过去。他感觉自己的状况比之前还要糟糕:"眼前总是浮现屠杀的景象。我看到我母亲的尸体,她站起来,走近我并说道:你看到塔拉特在这儿了,你就一点反应都没有吗?你再也不是我的儿子了!"特赫里瑞安后来在法庭上说,就在那一刻,他下定决心要杀死塔拉特·帕夏,是这个男人害得他家破人亡。他搬进哈登贝格大街37号的一个房间,对面就是塔拉特·帕夏的住处。现在,他的目标对象就在他的眼皮底下,然而他却迟疑起来:"我不确定;我问我自己:你凭什么夺去一个人的生命?……我跟我自己说:你没有能力杀人。"他打消行刺的念头,重新忙于日常事务:在贝伦森小姐那里上语言课,时不时上剧院和电影院,或读读报纸。

抵达布拉格后,路易丝·韦斯在一位犹太旧书商那里找到住处。新成立的捷克斯洛伐克政府给她派来一位军官,充当她的保护人和向导。他是来自美好年代的绅士,懂得吻手礼,带这位从巴黎来的女士亲近他家乡的自然风光。然而,在森林和狩猎行宫里一连待了好几个星期后,路易丝·韦斯终于受够了这位家长制作风的绅士。她决定拾起她此行来布拉格的目的:报道捷克斯洛伐克的崛起。

作为此前捷克临时政府支持者兼米兰·什特凡尼克——他死后再也不碍着谁——的爱人,这位从巴黎来的通讯记者毫不费力地就敲开了新政府的大门。总统马萨里克(Tomáš Garrigue Masaryk)在他的官邸、曾经的科洛杰耶宫接待她,官邸的墙是新粉刷的,除去了原有的哈布斯堡王朝装饰。在路易丝·韦斯眼里,这座昔日的宫殿现在就像一座"民主修道院"。而坐镇其中、俨然成为捷克斯洛伐克崛起之化身的马萨里克,看上去依然还是1915年那位在巴黎出没的流亡教授。不过,治理一个新生国家完全不同于学术研究,马萨里克以前从来没想过那会是怎样的规模。"他对他的捷克斯洛伐克只有理论上的认识。"因此,现在是尽快从数据和事实上整体把握这个国家的时候了。要设立新的公务员队伍,要编制国家预算,要知道,整个捷克斯洛伐克是由不同的部分所组成,包括波西米亚、摩拉维亚、斯拉夫人的斯洛伐克,还有以前属于匈牙利的喀尔巴阡乌克兰(Die Karpatenukraine)。特别是在罗塞尼亚地区,那里住着贫农、犹太人和"吉卜赛人",他们要融入这个新生的共和国尤其不易。马萨里克告诉路易丝·韦斯,停战时期罗塞尼亚爆发了饥荒。他曾调拨火车载着补给前往救济,里头有来自美国的可可粉。那里的农民不知道可可粉是什么,把这些棕色粉末拿去粉刷他们的木屋。此外,他处处都遭到那些旧官僚的掣肘,他们简直就像是来自中世纪。这和路易丝·韦斯所设想的民族觉醒完全不同。

她从布拉格发回的文章在巴黎成为热门话题。费洛兹希望她无论如何都要回到《新欧洲》,他准备把过去的矛盾冲突都抛诸脑后。

路易丝·韦斯也做出让步，但是要有条件：费洛兹要把当初许诺她的薪资付清，在理事会里她要拥有一票，她要使用"主编"的头衔，并掌握《新欧洲》的订阅和财务情况。此外，必须让她的父亲出任杂志社的理事会主席。费洛兹一开始脸色变得惨白，听到最后一个条件后又振奋起来。她的父亲保罗·路易斯·韦斯（Paul Louis Weiss）很富有，他的资金能够帮助这本销售疲软的周刊摆脱困境。自从凡尔赛和谈结束以来，《新欧洲》的读者数量就明显下降。

于是路易丝·韦斯又搬回她饰有蓝色墙纸的办公室，她决定再也不让任何人凌驾于她。她给编辑部来了场大整顿，把铺天盖地的零散文件归类，她努力弄清楚《新欧洲》糟糕的财务情况，并规范财务人员，让那些习惯懒散、不好好坐班的编辑守纪律。不久后她便发现，编辑部的资金去向不明。费洛兹在背后仍然试图操纵一切。但这一次，路易丝·韦斯下定决心，绝不让自己被他的小把戏扳倒。当两人之间的摩擦再次升级，她失去了耐心。她完全明白，《新欧洲》的未来取决于它的投资人，这主要是她父亲，费洛兹过去作为创始人一直压制着她，可现在她是有办法对付他的。这一次，她占了上风，便戏剧化地把费洛兹扫地出门。

不久，路易丝再度前往布拉格，并从那儿去了布达佩斯。之后她还走访维也纳和布加勒斯特。然而它们给她的印象都是一样的：在巴黎时，她以为民族觉醒会迎来更美好的未来，现在走近一看，只觉荒唐，有的甚至是悲剧。这些新兴国家的诞生过程一点也不光彩，反倒是危机四伏，脆弱无比。路易丝·韦斯的文章在刚停战时还通篇激情洋溢，自1919年秋天之后就变得务实，不无苦涩,有时几乎是愤世嫉俗。

索格门·特赫里瑞安心里有两种声音在撕扯:母亲的责问和自己的良知。1921年3月15日这天,读着书的他在房间里踱步,看见昔日的奥斯曼帝国内政部长在对街走出家门。那一瞬间,曾经发生的一切再次涌现:队伍,处决,姐妹,斧头,还有母亲和她的警告,或说是威胁。1919年在第比利斯时,特赫里瑞安曾以防止土耳其人再次袭击为由,买了一把左轮手枪。来到柏林时,他把它取出来,藏在行李箱的衣服堆里。现在,枪就在他的口袋里。特赫里瑞安冲到街上,看到塔拉特·帕夏朝动物园的方向走远了。于是他沿着哈登贝格大街在后面追着,刚经过克内泽贝克街,他便赶上了他的目标。他穿过马路,从背后接近塔拉特·帕夏。他将枪口对准他的后脑勺,并扣了扳机。

射出的子弹掀开了这个被袭者的脑壳,他向前扑倒在地,满脸鲜血。路人围了过来,这时特赫里瑞安扔掉枪,恍恍惚惚地走开。但他没能走远。一个目击者在法萨恩大街截住了他。他随即被人群包围并制服。其中有人拿钥匙打他的头,还有人搜他的口袋看有没有其他武器。人们让他解释。他只说:"我(是)亚美尼亚人,那个(是)土耳其人,德国没有损失!"稍后,人们把他扭送动物园的派出所时,他点起一根烟。这下他恢复了理智。他记起自己刚刚做了什么,感到"内心一阵满足"。他曾经渴望着复仇,现在他做到了。

1921年6月，阿诺德·勋伯格前往奥地利萨尔茨堡附近的马特塞消夏。虽说作曲家偶尔会出门散步，在附近转转，但他主要还是想在此不受干扰地工作，毕竟这在维也纳是不可能做到的。就像他的客人所说的，勋伯格非常享受他的避暑时光。

然而这时候，勋伯格似乎还不知道，马特塞是奥地利那些大肆宣传不欢迎犹太人的度假胜地之一。在1920年的旅游旺季，它首次发布了招待限令，声明当地今后只接待"德国雅利安"游客。1921年7月的《萨尔兹堡编年报》（*Die Salzburger Chronik*）指出，这一规定让马特塞能够保持"无犹"（judenrein），"尽管由于犹太人出了名的难缠，让他们滚远点得花不少工夫"。或许勋伯格也听说了这一限令，但相信它不会牵扯到自己身上，因为他很早之前就改宗基督教了。再说，帮他租住处的是他弟媳，她父亲曾短暂担任过萨尔茨堡的市长。

对一些马特塞当地的绅士名流来说，勋伯格的避暑小屋和里头的客人是对他们的一种侮辱。自然，他们缺乏合法的手段把这些来自维也纳的不速之客赶走。因此他们便诉诸舆论压力，张贴了一张告示，提及当地召开了一次以犹太游客为主题的会议："因此，已结束的地方代表会议向马特塞全体居民提出这一迫切的请求和决定……（请各位）自愿遵守，好让我们美丽的马特塞避免可能发生的犹太化，避免给德国雅利安房东或租客带来种种不便。"

阿诺德·勋伯格看到这一告示时非常震惊。他决定立刻离开此地。马特塞当地寄来一张书面要求，要求他证明自己不是犹太人，这更是让他坚定了去意。勋伯格想要尽快动身，但他不想引起太多注意。不应让舆论介入这一事故。作曲家之所以没有立即走人,是因为他弟媳父亲的介入暂时平息了这一风波。看起来,勋伯格似乎可以在这里住到他原计划离开的时间。然而,一份维也纳的日报随即就此事发表了文章,文中还说勋伯格很快就要离开。《新自由报》(Die Neue Freie Presse)则站在勋伯格这边,它问区区一个度假胜地如何能破坏奥地利的法律。接着,右翼媒体也对这一事件大做文章。萨尔茨堡的《民声》(Volksruf)刊载了一篇题为《马特塞的犹太殖民》的文章,对此地的犹太游客毫不掩饰地施以暴力威胁。其他出版刊物纷纷以类似的语调跟进。7月5日,勋伯格收到一张明信片,上面写的收信人是"著名作曲家A.勋伯格,目前很不幸待在马特塞"。

在这种形势下,阿诺德·勋伯格及其亲属自然没法再在马特塞这个他曾暂避尘嚣的地方待下去了。他们原本计划在这里要停留好几个月,因此有不少行李要收拾。7月14日,勋伯格一家和他的学生去了特劳恩克申。作曲家在那里一直住到了秋天,努力从被马特塞驱逐的震撼中恢复。

1921年的这个夏天,马蒂亚斯·埃茨贝格尔也带着妻子和女儿嘉贝莉出游。在重返政坛之前,他想再好好放松一下。自他与赫尔弗里奇打了官司、不得不暂时辞去财政部长一职以来,他竭尽全力恢复自己的名誉。之后法院一系列的判决澄清了不少针对他的指控。现在,他相信自己有能力重新为德国政治事务担负起重任。不过在此之前,他还想和家人过上几周清净的日子。

在位于黑森林的巴特格里斯巴赫小镇，埃茨贝格尔一家租住在一所天主教疗养中心。他们经常从那里出发，在周边地区作长途散步。1921年8月26日，康斯坦茨的一位党内友人卡尔·迪茨（Carl Diez）来访。他进门时，埃茨贝格尔一家刚刚坐下来吃早餐。明天，这一家子就要离开了，埃茨贝格尔夫人开始打包行李，埃茨贝格尔和迪茨则决定出门散个步，尽管天气不太好。来到镇上通往克尼比斯的公路上时，迪茨发现他们身后有两个衣着讲究的年轻人尾随。这两人赶上来，也不打招呼，便径直走到他们前面去了。

两位政治家没有料到，这对分别叫做海因里希·蒂勒森和海因里希·舒尔茨的年轻人是右翼地下组织"政务官团"（Organisation Consul）的成员，他们立志于"打倒一切反民族主义和泛民族主义，打倒犹太人、社会民族党和左翼激进党派"，以及"打倒反民族的魏玛宪法"。卡普政变后，他俩所属的自由军团解散了。像许多老兵一样，两人转入右翼地下组织。此后，他们成为慕尼黑一家子虚乌有的"木材回收公司"的雇员。他们相信埃茨贝格尔不仅是"令人作呕的叛国者"和"履行政治家"[1]的代表，而且还为"犹太人所领导的共济会"和"犹太金主"服务。一天，他们的长官、一位退伍的上尉交给他们一封信。据蒂勒森后来的回忆，信中原文是："根据上级抽签结果，你们……被指定去除掉前财政部长埃茨贝格尔。处决的方式由你们选择。无需汇报任务执行结

---

[1] Erfüllungspolitiker，指当时主张接受凡尔赛和约并履行赔偿条款的温和派政治家。

果……兄弟们，万一事情败露，组织自然会支援你们。"

埃茨贝格尔和迪茨准备回去，正掉头往回走时，那两个年轻人又跟了上来，并再次经过他们身边。接着，两人猛地转过身来，与两位政治家面对面。其中一人从口袋里掏出一把左轮手枪，照着埃茨贝格尔的额头就是一枪。第二发子弹则打进他的前胸。身材高大的埃茨贝格尔缩成一团，倒在地上。迪茨用他的雨伞攻击刺客，好让他们手中的枪无法瞄准。但很快他也中枪倒地。躺在地上的迪茨听见枪手继续开枪，枪声微弱，就像是枪口抵着衣服射击。之后，周围安静下来了。迪茨上臂受伤，折断了一根骨头，还有一颗子弹卡在他脊椎附近的肺里。他好不容易抬起头，却看不见埃茨贝格尔。他使劲撑起身子，这才看到一道长长的血迹，约有30米，沿着公路侧面向下直到一棵松树前。埃茨贝格尔满脸是血地躺在那里。他已经永远停止了呼吸。

迪茨顺着公路爬回村子。途中他遇见一个女人，他和她说了刚刚发生的事并向她求助。但她拒绝了："您怎么能和埃茨贝格尔单独散步？"他用尽最后的力气，总算回到巴特格里斯巴赫。他先去找埃茨贝格尔家的一位朋友，让后者委婉地通知死者妻子这一坏消息，然后才去医生那里接受治疗。

埃茨贝格尔的葬礼在他的家乡比伯拉赫举行。与此同时，全国各地纷纷发起活动，数以千计的人表示他们的哀悼，并谴责这一政治恐怖行为。尽管埃茨贝格尔饱受批评，还是有许多人承认，作为一位现实主义者、正直的政治家和值得信赖的合作伙伴，埃茨贝格尔确实努力在国际上为德国争取利益。不过，比支持者的哀悼更响亮的,是埃茨贝格尔政治对手的叫嚣,即使他是遇害身亡,他们也毫不掩饰自己的幸灾乐祸。《奥莱茨科报》(*Oletzkoer Zeitung*)上说:"埃茨贝格尔,这个把凡尔赛的耻辱和约加诸德国的家伙,受到了他作为卖国贼应有的报应。"

开张几个月后,哈里·S. 杜鲁门的男装生意盈利颇为可观。有人想收购他生意兴隆的小店,被他谢绝了。然而,到了1920年1月,战后短暂繁荣的美国经济已露出颓势。现在,派往欧洲战场的壮劳力大规模回流却找不到工作,对战时生产的需求量也急转直下,其影响相当显著。在长达一年半的混乱中,美利坚合众国承受了猛烈的经济危机。国民生产总值急遽萎缩。当欧洲各国在高通货膨胀中挣扎时,美国则苦于货币持续升值,物价总水平下降了30%。对杜鲁门这样的零售商来说,这意味着他必须以低于成本的价格出售他的货物。昔日的战友依然来他店里闲聊,但没有人买得起一件丝质衬衫或一条领带。纵使他们买了,对杜鲁门来说也是赔本。

杜鲁门试图凭借自己的关系和广告留住顾客。此外,在美国退伍军人协会的创立上,他也做出巨大贡献。1921年11月,他协助在堪萨斯城组织了一次战争纪念碑落成的大型仪式。在出席的名人中,甚至有当时正在进行环美之旅的协约国联军总司令费迪南·福煦。数十万人来到堪萨斯城观看退伍军人的游行活动。而杜鲁门则有幸给莅临现场的联军总司令献旗。

经济危机最糟糕的时期已经过去。但"杜鲁门和雅各布森"

仍然在1922年9月结束营业。现在杜鲁门成了一个背负1.2万美元债务的战争英雄。他拒绝申请破产,而是月复一月地努力工作,给多位债主支付高额利息。如此持续了10年,直到偿清债务。他的个人幸福,以及他组建家庭、开着自己的福特车四处旅行的梦想,目前看来是无法实现了。

对布拉格和布达佩斯的造访,让路易丝·韦斯从一厢情愿中清醒过来。她曾经如此坚信民族革命的未来,支持昔日哈布斯堡王朝领地上的民族解放和民族自决,现在,她不得不认清举步维艰的现实。而在她1921年所走访的地方里,莫斯科尤其使她幻灭。在这座人与人之间毫无信任感可言的"苦难城市",她最终抛弃了她对革命曾有的坚定信念。从莫斯科的捷克斯洛伐克使馆那里,这位来自巴黎的女记者试图弄清楚这座城市的现况。尽管人们警告她,但她仍然相信那些秘密警察——也就是契卡(Tscheka)——不会对她感兴趣。

一天晚上,她去拜访一位叫薇拉·B的女士,她们是在从里加开往莫斯科的火车上认识的。薇拉住在一个简陋的房间里,有一道帘子从中隔开。帘子后面传来一个孩子的抽泣声。"可怜的小东西,"薇拉解释道,"他不习惯莫斯科的食物。您瞧!"薇拉举起一瓶尚有余温的液体,它闻起来像是白菜。

她们在茶壶旁坐下,薇拉说她在等朋友。已经很晚了,但薇拉确定他们会来;因为他们知道薇拉从拉脱维亚带来了食物。很快,房间挤满了人。"他们都是同志,"薇拉解释道,他们都是好共产党员，其中有一位女士是路易丝在巴黎就认识的朋友。

不知从何时起，气氛突然变了。他们的对话不再围绕着普通的话题，而是追问路易丝在莫斯科的停留。她突然有种受审的感觉，而且她发现，无论是她还是其他人，都不是偶然来到这里。空气中有某种火药味，这是路易丝来到莫斯科后首次感觉到威胁，她有可能失去自由。

"同志！"那位她在巴黎就认识的女人喊她。"我可不是您的同志，女士！"路易丝·韦斯尖刻地回答道，"请您像在巴黎那样和我说话吧。"然后，路易丝转向一位叫莫吉勒维斯基的先生，她在里加的俄罗斯领事馆就认识他了："请您告诉他们吧。您在里加看过我的护照。我们还争论过我的工作。您知道我是谁。"莫吉勒维斯基先生请她自己作自我介绍。"既然您这么说，好吧。女士们，先生们，站在你们面前的是一位资产阶级人士，她还是一份著名资产阶级报纸《小巴黎人报》的代表。你们既然都懂法语，肯定都听说过这份报纸。""那么你就是我们的敌人！"一个女人严厉地说。"不管怎么说，我对你们的意识形态和俄罗斯的苦难充满敬意，所以才说谎。"路易丝·韦斯站起身来，像是示威似的，从她手提包里拿出一支鲜红的口红，往嘴唇上搽了起来。"说谎，女士，"路易丝再次转向她认得的那位女士，"就像您一样。"她说，这位女士刚刚才从巴黎回来，就在莫斯科这里制造一种假象，仿佛法国和欧洲其他国家就要发生革命。为何她不提事实上资产阶级在法国赢得了世界大战，而且没有任何征兆表明，他们会拱手让出这一胜利？在莫斯科做扭曲的宣传，给人一种半个世界很快就要追随俄罗斯的希望,这是危险的。

恰恰就在她被怀疑是间谍的时候,路易丝·韦斯戳中了这些共产主义者的要害。在场人士躁动起来,互相交换意味深长的眼神,然后便展开了争论:俄罗斯能否推动一场世界革命?如果能,那又以何种方式推动革命?因为按照列宁的理论,只有无产阶级在世界各地成功夺权,俄罗斯革命才能成功。路易丝·韦斯的先发制人虽说显得无礼,但非常管用。她从被质问者变成了提问者,成功转移了人们对她的注意力。最后,一位"同志"提出载她回家。回去路上,又发生一件让她胆战心惊的事:司机在一栋建筑物前停下,对它,路易丝·韦斯可是熟得不能再熟了,那是契卡的总部。"我们的目的地到了。"司机冷笑着说,在充分享受吓唬她的乐趣后,他才再次踩下油门离开。

回到巴黎后,路易丝·韦斯和一位同事约在了拉丁维莱,那是圣奥古斯丁教堂附近一家非常有名的甜品店。她坐在她的热巧克力前,回忆这一趟漫长的东欧之旅。它似乎是太沉重了,让路易丝·韦斯哭了起来。其他客人以为有人伤了她的心,这其实也没有错:"我看到那些我永远不会忘记的人与巨大的困境做斗争,这个令人赞叹的民族,我爱它的勇气和它的伟大,这一主义的理想引出了人类永远无法治愈的怀古愁绪……"路易丝·韦斯为之流泪的,是她对革命的梦想,是她憧憬的新欧洲以及一个全新的世界——这个新世界拥有现实中已所剩无几已的和平与自由。埃利·约瑟夫·博伊斯每天都把她寄来的文章放在《小巴黎人报》的头版上,对她来说,这或许勉强算是个安慰吧。

1922年2月8日,待在巴尔多利的甘地收到让他身心俱碎的消息。在查理查拉,不合作运动的支持者举行了一次示威游行,抗议当局对活动人士的拘捕。大批群众先是聚集在监狱门口,要求释放政治犯,然后他们游行穿过市中心,唱着歌表达对政府的抗议。失去冷静的地方警察朝人群开枪。但游行队伍没有退缩,他们迎着子弹继续前进,把人数不多的警察逼回了警察局。这栋建筑物随即被纵火,23名警察葬身火窟。他的不合作策略引起如此灾难性的后果,让甘地非常失望。他再次怀疑印度人民究竟是否足够成熟,可以运用这一有严格限制的反抗形式。对此,甘地绝食6天来惩罚自己。没过多久,印度国民大会党便宣布中止不合作运动。殖民当局宣布在查理查拉实行戒严,1个月后,甘地以煽动罪被捕,判处6年徒刑。他以和平方式推翻英国殖民统治的梦想,转眼已不可企及。

1922年5月1日,瓦尔特·格罗皮乌斯为卡普政变牺牲者所设计的"三月死难者纪念碑"(*Denkmal für die »Märzgefallenen«*)在魏玛历史公墓落成。它是为了纪念在魏玛对抗自由军团的战斗中死去的10位工人。"三月死难者"的概念让人想起1848年革命,当时的3月起义者遭到国王军队的射杀。锯齿状的纪念碑让不少观众联想到闪电。但格罗皮乌斯解释说,这一雄伟雕塑所指引的方向并非从上至下,而是由地面至天空。它是人类力争向上的象征。左翼人士想把它解读为社会主义力量的代表,均被格罗皮乌斯否定。他希望它是作为人的纪念,而非意识形态的纪念。在

1918年冬天时，格罗皮乌斯还曾为政治、社会、建筑和艺术各领域的革命而热血沸腾，但在个人感情、事业和政治方面均遭遇挫折后，他还留有希望的，仅在于人类对美好事物的渴望，以及为新社会寻求新的表达形式。

1922年夏天，乔治·格罗茨陪同丹麦作家马丁·安德森·尼克索（Martin Andersen Nexø）前往苏俄。尼克索要写一本讴歌苏维埃俄国的书，而以革命精神闻名的格罗茨自然是这本书插画作者的不二人选。在西方世界和苏俄最早的针锋相对中，双方的艺术领域并没有置身事外。此前，美国上映了电影《新月》(The New Moon)。它以对俄罗斯的谣言为蓝本，讲述女大公玛利亚·包洛夫娜（Maria Pavlovna）的故事。在一片混乱的革命中，玛利亚为她的自由和成千上万被注册为"国家财产"、沦为党内权贵阶层玩物的俄罗斯妇女而战。

身负讴歌革命使命的两位艺术家在丹麦碰面，从那里前往挪威远北城市瓦尔德。本来尼克索和苏俄政府约好了，有一艘机动船会来载他们去俄罗斯北部的摩尔曼斯克。然而两个人在这块旮旯之地等了好几个礼拜，一艘俄罗斯船的影子也没见着。实在等得不耐烦了，他们决定自己设法前往俄罗斯。两人付钱给一位准备向东去的渔夫，他不仅答应带上他们，还愿意专程绕路把他们送到目的地。包里装上了巧克力、玉米面包和烧酒，他们便出发了。

夜里渔船到了科拉湾。它在摩尔曼斯克渔港下碇，一开始，那里完全没有人注意到他们的到来。天亮时，两人发现自己来到的是一座幽灵城市。新港口的建设刚完成一半便成了烂尾工程。"小船半沉在水里，或干脆船底朝天，半完工的防波堤非常醒目，四处散落着硬得和石头一样的水泥袋以及变形生锈的铸铁零件。一座警钟浮标倾倒着，连同那本来应该立于水中的水上起重机。再往后，我们看到一艘完全翻过来的深海潜艇，像一条大鱼，全身覆满贝类和海草，色彩剥落。平放着石块的木船半沉在污浊的水里；堆积如山的空石油桶；一整列的火车车厢，大部分没有轮子，里头却住着人。这里就像是一个巨型垃圾堆。"

它犹如一座缺乏真实感的舞台造景，为一出同样缺乏真实感的戏剧而设，每逢太阳升起便开演。突然之间，一群人把两位艺术家乘坐的渔船包围起来。人群中走出两个穿着全新皮夹克和高筒靴、戴有锤子与镰刀标志军帽的男人。他们由一个目光凶狠的水兵陪同，后者拿着一把左轮手枪，对准了两位新来的客人。

两位干部盘问渔夫一番后便离去了，留下水兵看守这两个可疑的外国人。他们的入境许可被干部拿走，只得等着，在"俄罗斯，人们办什么事总得等上很长一段时间"。过了很久才来了一个女翻译，但让他们失望的是，她说审核可能会持续好几天。不过事实上，没过几小时就有人带来消息，说当地苏维埃组织要接见他们。

"我承认，"格罗茨在他的回忆录里写道，"那时候很难对俄罗斯有好的印象。1922年这个国家才刚刚结束一场漫长的内战。凡是我们去到的地方，以西欧的标准来看都形同废墟。"他们乘火车穿过一片长满云杉、冷杉和松树的森林。

格罗茨在圣彼得堡受到较为热情的接待。他准备加入一支由各国艺术家组成的团队，这些人正打算创办一份杂志，向整个欧洲宣扬苏俄艺术的优越性。在一次宴会上，格罗茨看到政府官员过着相当奢侈的生活，和他一路以来碰到的普通俄罗斯百姓有着根本的区别。

在圣彼得堡，格罗茨还结识了苏俄构成主义艺术的重要人物之一，弗拉基米尔·塔特林（Wladimir Tatlin）。塔特林给格罗茨展示他5米高的设计模型——《第三国际纪念塔》。它落成后的高度将与埃菲尔铁塔相媲美，超过当时全世界最高的纽约伍尔沃斯大楼。而且作为革命的纪念，它还能自我旋转，表达出变革的活力。唯独托洛茨基，这位最受人爱戴的革命领袖，没有为这一纪念塔的设计所折服。观看模型时，他不仅不为所动，反倒提出叫人难以回答的问题："为什么这个东西会转？它又为何总是在同一位置绕着自己转圈？"按照托洛茨基的看法，这样一座建筑如何能象征继续发展的革命？于是，这一宏伟的设计，连同塔特林对苏俄艺术的美好愿景，都一并消失了。

如果说还有其他什么搞砸了格罗茨对新生苏俄的印象，那便是他作为外国客人在克里姆林宫受到的接待。当时列宁本人来了，向所有在场人士致以非正式的问候。他用德语发言，格罗茨注意到列宁身边的人不断在他耳边低声说话。他不明白发生了什么，直到有位记者向他解释说，这位伟大的革命领袖在年轻时身体不太好，有点健忘。因此他身边的人习惯在他说话忘词时给他提示。

"我的苏俄之行失败了。"格罗茨如此总结。他不只是指尼克索和他计划共同创作的那本书没能完成。令他挫折更深的是他在苏俄的经历，说到底，是苏俄自身的失败。美国记者林肯·斯蒂芬斯（Lincoln Steffens）在1921年来到苏俄时，曾兴奋地报道说："我看到了未来，这行得通。"格罗茨也看到了未来，但组成它的是废弃的码头，是让人害怕的干部，是供富有的党政干部享用的餐厅，是没有意义的自夸建筑，以及一个病恹恹的独裁者。对他来说，苏俄的未来是行不通的；不只是苏俄的未来，更宽泛地说，是一般意义上的未来。但作为一个达达主义者，人们还能盼望他怎么说？他曾几何时真的相信过革命？

1922年10月，《雅各的房间》在弗吉尼亚·伍尔夫自己经营的霍加斯出版社（Hogarth Press）出版。女作家忐忑不安地期待着第一批读者反响："我对《雅各的房间》销量的预期是多少？我相信我们能卖出500本；然后它会继续慢慢卖着，到6月时能达到800本。有些地方的读者会充满热情地称赞它的'美'；而那些想看到人性的则会贬低它……让人看到我公开受辱，这我无法忍受……但当我说没什么能改变我坚持下去的决心或打击我的兴致时，我是认真的；不管发生什么事，即使外表遭受打击，我的内心仍屹立不摇。"她低估了书的销量，报纸评论却比她所想的还要一边倒：批判声如雨点般落下，尽管文学圈的朋友全是一片好评。先锋派人士赞扬她凭借《雅各的房间》取得了突破，她也成了伦敦社交圈的香饽饽。

伴随着她在文学上的成功，不久之后，一次相识也改变了她的人生。"精神奕奕，粘着胡子，鹦鹉般五颜六色，贵族装扮，非常随意，却没有艺术家的机智风趣"，她如此形容自己在一次晚餐认识的女作家维塔·萨克维尔－韦斯特（Vita Sackville-West），后者让她"十分困惑"，"无法理解"。维塔就像"一个士兵；意志坚定；很英俊，男孩子气；有点双下巴"，相较之下，伍尔夫觉得自己"忸怩，腼腆，一股子女学生气"。和维塔的相遇是另一种觉醒，伍尔夫来到了一个新天地，一种和她对伦纳德的感觉完全不同的激情。两个女人的关系将经历持续多年的大起大落，通过它，伍尔夫最终摆脱了社会认可给她的压力，走出那间到那时为止仍封闭她生活的"房间"。

1923年6月，阮爱国抵达苏俄。摆脱法国秘密警察的监视可不是件容易事。多亏左翼人士密布全球的网络，他才成功地潜逃出巴黎，搭上火车穿过德国，然后乘船横渡波罗的海。他给巴黎的同志和朋友留了告别信，信中清楚表示他不打算再回来了。对一位朋友的孩子，他的"侄女"和"侄子"，他的心肝宝贝，他写道："你们会很久都见不到阮叔叔，不能再像以前那样爬上我的膝盖和背上，要过好久好久，我才会再次见到我的爱丽丝和我的保罗。等我们再聚时，我大概老了，而你们已经和你们的父母一般高了……等你们长大了，你们会像你们的父母，像阮叔叔和其他叔叔那样，为你们的国家奋斗。"

入境时的情况却和这位自由斗士想象的不一样。布尔什维克逮捕了他，花了好几个星期核实他的身份。直到获得信任后，他才得以前往莫斯科。他以为自己只会在革命之都待短短几个月，然而实际上超过了一年。这一年多的日子里，他学会了在共产党经常有致命威胁的冷酷斗争中生存，并巩固了他的意识形态立场。他逐渐打入核心圈，对列宁有了更多的认识。阮爱国不厌其烦地提醒他的党内同志，越南人民遭受着双重压迫：首先，作为劳动者，它就像世界其他劳动者那样受苦；其次，他们还是白人眼里的低等民族。对他来说，越南人民以及其他殖民地人民的独立斗争，是国际共产主义革命的一部分，后者必然导致诸民族的革命。1924年，阮爱国终于成功说服党将他派往中国执行任务。带着西伯利亚大铁路的车票和一些钱，他出发前往广东。

1923年4月，阿诺德·勋伯格收到瓦西里·康定斯基的邀请，让他申请魏玛音乐学院即将空出的校长一职。但勋伯格已听说——大概是从阿尔玛·马勒和他的学生厄尔温·拉茨那里——在那所实验学校里存在着反犹情绪，甚至连康定斯基本人也表现出对犹太人的蔑视。自马特塞事件以来，勋伯格从未把这段反犹主义的经历付诸文字，现在他一股脑发泄出来了。1923年4月20日，他给康定斯基写信说："去年我被迫学到的，现在我终于明白并再也忘不了。那就是，我不是德国人，不是欧洲人，也许连人都算不上（欧洲人对他们种族里最差的人都比对我好），那我是什么？我是犹太人……我听说，连像康定斯基这样的人，对犹太人的举止也只看坏的一面，他们所有的缺点都是所谓的犹太劣根性。于是我放弃了理解的希望，这曾是我的一个梦想。我们是两种不同的人。绝对的!"

康定斯基很快回了信,对勋伯格的说法表示"震惊"并试图安抚他。但这封回信却证实了勋伯格并没有错怪他。因为康定斯基在字里行间提到了"犹太问题",并把犹太人称作被魔鬼"附身的民族"。"这是一种病,它也是可以治愈的。得了这病的人会慢慢露出两种可怕的特征:负面(毁灭性的)力量和同样带来毁灭性影响的谎言。"关于这方面,康定斯基说,他很愿意和勋伯格谈谈。如果魏玛有什么"闲言闲语"传到他耳中,他应该立刻写信给他。除此之外,人们对犹太人的普遍看法并不适用于这位非凡的维也纳作曲家,他的朋友阿诺德·勋伯格。

勋伯格又回了信,更尖锐地指责这位艺术家同事:"一个像康定斯基这样的人如何能……停止与以圣巴托罗缪之夜[1]为目标的世界观做斗争!"康定斯基怎么敢提出这样一个最蹩脚的理由,即,他拒绝把勋伯格视作犹太人,只是因为勋伯格是杰出的艺术家。"反犹主义如果不导致暴行,还能通向什么?要想象这点有这么难吗?对您来说,也许剥夺犹太人的权利就足够了。然而接着爱因斯坦、马勒、我和许多其他人都会被解雇。"勋伯格不会去魏玛。战时和战后的遭遇让他重拾信仰,现在却作为犹太人——一个他早就脱离了的宗教团体的假想成员——被排斥了。

同年,就在他拒绝了来自魏玛的邀请后,勋伯格出版了他划时

---

[1] 法国天主教教徒联合军警对胡格诺派教徒展开的一场大屠杀,前后持续数月,造成上万人死亡。因始于1572年8月24日凌晨,即圣巴托罗缪狂欢节的前夜,故被称为"圣巴托罗缪之夜"。

代的"用十二个彼此……相关音调组成的作曲法"。他创建了十二音技法，它在《雅各的天梯》里已初露苗头，并在《五首钢琴曲》(*Fünf Klavierstücken*) 里使用得更为明显。它是使无调音乐摆脱对其随意性指责的尝试。十二音序列和它在演奏中有规则的变化，通过每一个节拍都能分析和解释的作曲理念，令勋伯格这一向耳朵提出挑战的音乐得以确立。勋伯格相信，他完成了某种类似革命的举措，给作曲奠定了新的基础。早在1921年时，他便在给学生约瑟夫·鲁费尔的信里提到十二音技法："今天我有了新发现，它能在接下来数百年里确保德国音乐所向披靡。"

1921年5月31日那天晚上，鲁道夫·赫斯正与同伴前往德国北部梅克伦堡的帕尔希姆。这些"罗斯巴赫小组"的人喝得醉醺醺的，满怀怒气。几天前，他们的一个同伴，阿尔伯特·里奥·施拉格特，被莱茵兰的法国占领军处死了，此人被控对占领军进行破坏活动，尤其是爆炸袭击。而自由军团的人相信，他们找到了那个把施拉格特出卖给法国人的家伙："小组"成员瓦尔特·卡多。他为人不受欢迎，才被认为是奸细。这些老战士鄙视魏玛共和国和它的军队，他们相信对法国人亦步亦趋的新政府不会对施拉格特事件的内幕感兴趣。因此，他们将"按照德国惯例，动用私刑"。

那时，卡多和几个好友正在帕尔希姆一家饭馆里喝酒。赫斯和他的同伴认为，这是送这个不忠同志上西天的绝佳机会。当他们到达饭馆时，卡多已经醉倒在沙发上。赫斯带了一把左轮手枪，其他人则戴着指节铜套，拿着橡皮棍。他们抓住这个醉鬼，把他扔上他们的车。车子开过乡间公路，进入丛林，卡多被推下车。他想跑，但赫斯开了一枪让他站住。然后他们开始痛揍他。赫斯甚至折断了一棵小树，用它打卡多的头。

现在，拿这个浑身是血、半死不活的家伙怎么办？要把他弄醒、送他去医院吗？赫斯另有主意，他指示大家把卡多埋在森林里。卡多被装在后车厢上，罩着他的披风，车子往林中深处开去。到了合适的地方，他的身体被放到地上，几个人拿刀割断了他的颈动脉。卡多仍在挣扎时，鲁道夫·赫斯往他头上开了一枪。他们胡乱盖住尸体，清理车子。隔天早上他们返回作案地点，把尸体埋到森林底下，把晚上的作案痕迹抹去。在1945年后于拘押期间所写的回忆录中，赫斯仍觉得自己的做法是对的，他解释他的理由："那时我——直到今天也还是——确信，这个叛徒死有应得。既然德国法庭不可能审判他，我们就按照一种由我们这些生于患难年代的人自我赋予的未成文法律来审判他。"

结语　彗星之尾

死亡不是生命的事。人不会活着经历死亡。

——路德维希·维特根斯坦,《逻辑哲学论》,1918年

1919年秋天,马琳娜·于洛娃终于摆脱了俄罗斯内战,苏俄要到1922年才对这场战争胜券在握。乘船离去的她,在甲板上目送西伯利亚大铁路终点站符拉迪沃斯托克的屋顶一点点地消失。她不久后便抵达日本。在那里,马琳娜·于洛娃终于不再是士兵,她做回一个年轻的女人,从事传统的女性工作:先是当保姆,很快又成为秘书,最终通过自己的努力找到自己一生的志业:舞蹈。她先是在私人晚宴上获得承认,获得了去美国的签证,后来在旧金山和纽约大放光彩。1984年她去世。

　　数以千计的人为爱尔兰独立牺牲了性命,特伦斯·麦克史威尼只是其中之一。新芬党通过议会为爱尔兰共和国的诞生奠定基础,而爱尔兰共和军则与英国当局的代理人打游击。这是一场深入到日常生活的战争,一场把平民也卷进来的战争,没有清晰的阵线和前线。袭击、起义、谋杀,以及彼此之间的报复性打击越来越多。1920年11月,麦克史威尼去世几周后,都柏林的"血腥星期日"让暴力事件升级到一个新的高度。然而,爱尔兰自由战士们没能给予英国人及其支持者决定性的打击,帝国也没能制止革命人士的暴力。1921年7月,人们清楚地认识到战争可能会持续好几年,没有一方能取胜。于是双方签署停火协议,爱尔兰南部逐步实现独立。至于特伦斯·麦克史威尼,则成了爱尔兰的民族英雄。1964年,科克市政厅前立起了他的半身铜像。

1921年6月,亚美尼亚人索格门·特赫里瑞安在柏林一处陪审法庭接受审判。它在德国引起一场广泛争论,探讨其战时盟友奥斯曼帝国对亚美尼亚人的政策。不过在媒体报道中,几乎全是对大屠杀受难者和特赫里瑞安的同情。最终,法庭做出了无罪判决,这主要是基于神经科医生和精神病学家理查德·卡希尔(Richard Cassirer)所做的鉴定。他认为被告的陈述是准确的,这次行刺并非有意谋杀,而是一时冲动和精神创伤后遗症所致。

直到后来,人们才知道,索格门·特赫里瑞安曾是所谓"复仇行动"(Operation Nemesis)的成员。这个地下组织派专人追杀亚美尼亚大屠杀的主要负责人。射杀塔拉特·帕夏并不是特赫里瑞安的首次行动,在君士坦丁堡时,他已经以亚美尼亚人的复仇为名义犯过案。和他在法庭上的陈述不同,他也没有亲历这场害死他家人的大屠杀。在接下来的日子里,"复仇行动"还会在罗马、柏林、第比利斯和君士坦丁堡发动更多的袭击。

谋杀马蒂亚斯·埃茨贝格尔的凶手,蒂勒森和舒尔茨,成功地在1921年8月的谋杀后逃往国外。直到1933年纳粹掌权，他们才返回德国，从此平步青云。针对他们的审判到1945年后才举行。在联邦德国，马蒂亚斯·埃茨贝格尔逐渐以德国议会民主制设计者的身份获得承认，甚至被赞誉为"德国民主制的殉道者"。2017年，为了向他表示敬意，德国联邦议会在柏林的一栋大楼被命名为"马蒂亚斯·埃茨贝格尔之家"（Matthias-Erzberger-Haus）。

为阿拉伯独立所作的努力失败后，托马斯·E.劳伦斯决定再也不干涉这个世界的命运。在英国安排他的朋友费萨尔王子当伊拉克国王2年后的1923年，他化名参加英国空军，成为一名普通的空军士兵。1935年5月13日，他死于一场摩托车事故。

1929年3月20日，费迪南·福煦久病不治。他的遗体以国礼下葬于巴黎荣誉军人院（Les Invalides），紧挨着拿破仑一世的陵墓。然而，这一光荣并不能掩盖福煦的声誉自1918年战争胜利后便急剧下降的事实。他从军队退役后，依然在政府担任顾问。但这位强硬派人士的主张和法国官方渐行渐远，后者正与昔日的宿敌德国逐步改善关系。元帅在战争的最后阶段能扮演英雄的角色，在和平年代的斗争里却一败涂地。

同样在1929年，独立无助的亨利·约翰逊在华盛顿一家医院凄凉死去。1927年后才获得固定伤残补助的他，战后再未拥有过普通人的生活。酒精、贫困、孤独和肺结核摧毁了他。直到2015

年，美国总统巴拉克·奥巴马才将荣誉勋章授予了这位长眠已久的战争英雄。

20世纪30年代初，哈里·S.杜鲁门终于偿清了债务。男装店的生意失败后，他的政治生涯很快崛起，这还是靠他在军中建立的人脉。从担任地方法官开始，他在政界逐步晋升。1945年，杜鲁门成为美利坚合众国第33任总统，1953年卸任。这位曾经的协约国军官，在总统任内的重大决定包括在广岛和长崎投放原子弹。而1918年时，他还曾保证这一辈子再也不向别人开火。

1933年3月21日是所谓的"波茨坦日"，在波茨坦驻军教堂，前皇储威廉站在阿道夫·希特勒身边。在1923年底，威廉便以平民身份回到德国。在纳粹党取得政权后的短短几周，看起来元首似乎真的打算实现他的诺言，让霍亨索伦家族在"第三帝国"重返王位。不过这一幻想转眼即逝。事实上，希特勒对没能挺过革命的德国前统治者并不看好。他认为被废黜的前皇帝流亡到荷兰度过余生是正确的。即使是他可以利用的威廉皇储，希特勒也没有太多期望：前皇储只对女人和马感兴趣。因此，波茨坦驻军教堂这场极具象征性的登场并未给霍亨索伦家族带来实质好处，前皇储也没有进入"第三帝国"的权力核心。而他的父亲，从前的德意志帝国皇帝，这一辈子再也没有回到德国。曾经的威廉二世，现在按照德国姓名法只是区区的"弗里德里希·威廉·冯·霍亨索伦"，他于1941年客死异乡。

最初因杀人被判10年徒刑的鲁道夫·赫斯，只坐了4年牢便在一次大赦中获释。出狱后他靠农场的工作糊口，重新投身极右组织。直到希特勒1933年上台，他的人生才发生转折。赫斯加入党卫队，之后很快成为"骷髅队"（Totenkopfverbänden）成员。他在不同的集中营里工作，1940年被任命为奥斯维辛集中营的指挥官。作为营地指挥官，他对奥斯维辛执行关于犹太问题的"最终解决方案"负有责任。正是在他的命令下建立了毒气室，用齐克隆B毒气夺取了100多万条性命，其中绝大多数是犹太人。

1946年，战后使用假名潜逃的赫斯被逮捕，送往波兰接受审判。隔年他在华沙被判处死刑。做出判决的2周后，在他的故居面前，这位曾经的集中营指挥官带着对奥斯维辛的最后一瞥，上了绞架。

当德国成为纳粹的天下时，乔治·格罗茨去了美国。此前他已获得纽约一家艺术协会的资助，直到1933年1月12日，他终于下定决心离开。短短几周后，希特勒就被任命为帝国总理。纳粹分子随即突袭了格罗茨在柏林的工作室，想逮住他，只是晚了一步。乔治·格罗茨被剥夺公民权，他留在德国的画作被视为"堕落艺术"。此后，艺术家在美国继续自己在欧洲的成就。直到1959年，在妻子爱娃的敦促下，格罗茨才回到德国。然而，长期为抑郁症和酒精中毒所苦的他，在抵达故乡没几个星期后，便在一次醉酒后摔下楼梯身亡。

20 世纪 20 年代期间，阿诺德·勋伯格在柏林担任音乐教授，并于 1933 年离开德国。他在巴黎重新皈依犹太教，然后从法国逃往美国，在纽约和波士顿待了一段时间，最后成功在加利福尼亚谋得教职。1941 年，他成为美国公民，和马勒－韦尔弗夫妇住得不远，都在贝弗利山庄。1951 年，他死于突发心脏病。

1938 年，69 岁的莫伊娜·迈克尔退休了，她可以好好回顾一下自己精彩的一生。她不仅在一个很少在大学中见到女性的年代从乡村女教师升到了大学教授，还通过出售人造虞美人花救济一战老兵的创意，使它成为整个英语世界乃至世界范围内的成功典范。在英美和世界其他 52 个国家，每年 11 月 11 日人们都会出售并佩戴虞美人花。直到 1940 年，全世界每年销售虞美人花的收入能有 700 万美元，都分给了需要帮助的退伍军人。当这位曾经精力充沛的女士逐渐老去，却在晚年再次目睹数以百万计的年轻人在战场上死去和致残，她会怎么想？至于这新一轮大规模杀戮的结束，莫伊娜·迈克尔是看不到了，她逝世于 1944 年 5 月 10 日。

1941 年，在完成小说《幕间》(Between the Acts) 后，弗吉尼亚·伍尔夫再次陷入严重的抑郁症。伦纳德带她去布莱顿一位女医生那儿就诊。然而，弗吉尼亚·伍尔夫再也无力走出这次精神错乱的深渊了。3 月 28 日，她在乌斯河结束自己的生命。擅长游泳的她在大衣口袋里装了些石头。在给伦纳德的遗书里，她写道："除了你的善意，一切都离我而去。我不能再继续毁掉你的生活了。

我相信没有哪一对夫妻比我们拥有过更多的幸福。"

　　凯绥·珂勒惠支见证了 1933 年纳粹上台，她的作品也成了他们眼中的"堕落艺术"。1940 年，她挚爱的丈夫辞世。这位坚定的和平主义者痛苦地经历了第二次世界大战，却没能见到第二次和平的到来。柏林的家被炸毁后，她搬到德累斯顿附近的小镇莫里茨堡。1945 年 4 月 22 日，就在德国无条件投降几天前，她在德累斯顿去世。

　　在离开莫斯科后，阮爱国在中国待了好几年，为来华的越南青年开设政治训练班。就像他在巴黎和莫斯科所从事的活动一样，这也是为他的终生目标做准备：实现越南独立。第二次世界大战爆发后，时机终于成熟，越南起义人士在军事上战胜了维希法国以及同它沆瀣一气的日本。在八月革命中，越南赢得独立，成为民主共和国。这时已改名为胡志明的阮爱国，于 1945 年 9 月 2 日成为越南民主共和国第一任主席兼政府总理。他将在越南战争中率领他的国家对抗强大的美国。

　　莫罕达斯·甘地还要再晚两年才能实现他的终生目标：印度将在 1947 年宣布独立。但这却伴随着甘地极力想避免的领土分裂，成立了主要是印度教徒的印度和主要是穆斯林的巴基斯坦。1948 年 1 月 30 日，在他终生为之奋斗的印度独立实现短短几个月后，这位 78 岁的政治家遇刺。刺客南度蓝姆·高德西（Nathuram

Godse）是印度民族主义者，他认为甘地要为印度的分裂负责，并坚信圣雄出卖了印度人民的利益。

和勋伯格、格罗茨一样，瓦尔特·格罗皮乌斯也不得不逃离纳粹德国。包豪斯遭纳粹抨击为"马克思主义大教堂"。他通过英国前往美国，成为哈佛大学建筑系的教授。直到20世纪50年代，瓦尔特·格罗皮乌斯才重新在德国承接工程项目。在柏林汉萨区，他为1957年的国际住宅建筑展设计了带有凹形露台的9层公寓。1969年，格罗皮乌斯在波士顿逝世。

那时，格罗皮乌斯的前妻阿尔玛·马勒已经去世5年了。在她人生的最后阶段，年老和酒精摧毁了她昔日的美貌，这位当过许多次寡妇的女人生活在纽约。1938年，就在纳粹德国吞并奥地利前夕，韦尔弗和她离开了故乡维也纳。是她对韦尔弗的爱说服了自己同他一起踏上流亡之路。他们先是徒步翻过比利牛斯山到达巴塞罗那，再通过里斯本前往洛杉矶，那里已成为流亡者的大本营。阿尔玛·马勒始终陪在韦尔弗身边，直到他去世。1951年，再度成为寡妇的她迁往纽约，在那里度过余生。

第二次世界大战后，理夏德·施通普夫待在苏占区，图林根州的小镇海利根斯塔特。一战后他重新找到工作，还结了婚，成为4个儿子的父亲。战时养成写日记习惯的他在战后继续写作，出版了关于海军和政治议题的作品。经历过自由军团的日子，施通普夫的立场倒向温和左派，反对日益崛起的纳粹。因此，他在1933年后很难找到合适的工作。他所出版的一战日记在魏玛共和国时期颇受好评，在纳粹时期却遭到焚毁。1953年，当工人上街向民主德国当局表示抗议时，理查德·施通普夫也参加了。他还为此坐牢，此后一直顶着反政府人士的嫌疑罪名。1958年，他作为民主德国的公民去世。

艾文·C. 约克1964年病逝于纳什维尔的退伍军人医院。他所创立的学校已成为田纳西州的公共设施。直到今天，田纳西州的127号公路还被称为"艾文·C. 约克公路"，它的兴建曾给退伍军人带来了激励。他的英雄事迹最终还是拍成了电影。在那部名为《约克中士》（Sergeant York）的电影中，扮演他的是加里·库珀（Gary Cooper），后者拿到了一座奥斯卡小金人。

作为新闻从业者，终生为欧洲统一和妇女权益奋斗的路易丝·韦斯，在1979年当选为欧洲议会议员。此时，这位从一开始便对欧洲统一做出巨大贡献的女士已经86岁了。直到1983年5月26日去世前，路易丝·韦斯一直是欧洲议会年纪最大的议员。1999年后，斯特拉斯堡的欧洲议会大厦便以她的名字命名。

后记

感谢上帝,人们无法一帧一帧地拍摄回忆……不,老实说:即使我面前什么都有——第一次世界大战的笔记、信件、通行证、家庭照片、情书,一切都在我颠沛流离的一生中保存得好好的,犹如存放在船舱深处的贝壳里——即便如此,我也不会像人们所期待的那样使用它们……是的,我喜欢某种介于明暗之间的东西。请不要把它误认为是模糊和褪色。

——乔治·格罗茨,《小是大非》,1946年[*]

---

[*] 《小是大非》(*Ein kleines Ja und ein großes Nein*)为乔治·格罗茨的自传。

本书第六章以鲁道夫·赫斯对他1923年谋杀罪行的回顾告终。不过这已是1918年世界重启的尽头？在1918年闪亮登场的彗星年代，到此便已画下句号？它成为一个特定的历史年代了吗？1923年是一个真正的转折点吗？无论如何，最近有些历史学家——如罗伯特·格瓦特（Robert Gerwarth），本书文献参考中有其作品——便赞成将1917年至1923年划为一个时期。它始自俄罗斯革命，终于1923年——这一年，许多国家结束了战后的危机和骚乱，一定程度上实现了稳定。

乍看之下，一个像鲁道夫·赫斯这样的人并不符合本书开篇所描述的走钢丝人的形象。然而，他也同样受一种激情掸掇，在万劫不复的深渊上方大胆游走：让赫斯不可自拔的，是极权主义早期的魅惑，以及他作为士兵首次获得的杀人体验。从他的行为中可看出虚假的和平如何发展为独裁和战争。与第一次世界大战相比，第二次世界大战不只牺牲了超过3倍的人，其间对平民百姓所施行的有组织的计划性屠戮，其规模和形式都是一战未曾有过的。

然而，如果单单从1939年和平梦碎的角度来思考彗星年代，这会是错误的。1918年所生发出的美好愿景仍对其后数十年乃至更遥远的将来产生影响：马蒂亚斯·埃茨贝格尔所为之奋斗的魏玛共和国，即使在德国为纳粹运动彻底破坏，它的遗产对战后的联邦德国仍具有重要意义——哪怕是作为和它划清界限的负面教材；国际联盟无力阻止国际纠纷升级为一场新的世界大战，但当今世界的政治依然有其烙印，因为联合国在许多方面都继承自它；美国黑人士兵在一战后落空的解放希望，在20世纪下半叶则赢得了决定性的成果；一些在1919年没能有机会实现独立的国家，如伊朗、印度或越南，最终还是得偿所愿。就连之后的生活方式也深受一战的影响深远，尤其是像阿尔玛·马勒所实践的自由恋爱和性解放，以及路易丝·韦斯所支持的新时代女性，都一定程度上使得女性得到和男性平起平坐、享有同等的权利。

至少，这会是1918年给我们的安慰。100年过去了，我们仍旧生活在不安的现实中。自1989年以来，整个世界一遍又一遍地经历希望和危机，光明和黑暗的未来版本并行不悖。也有许多次，重新洗牌的现实改革宣告失败，毁灭性的危险力量——专制政府、民粹运动、恐怖主义、新的战争和越来越肆无忌惮的资本主义——显得就要夺取整个世界；但就像1918年那瞬间的璀璨所告诉我们的那样，它不是命中注定的，更不是无可避免的。因为说到底，在历史和人生里，一切都总是处在变动中。每一个状态、每一个处境都是暂时的，如同在克利的画中，彗星追着自己的尾巴绕圈。

"彗星年代"的挑战之一，是回答这一问题，即历史学家应该在多大程度上运用主观性，包括时代见证者和他自身，后者不可避免地会和每一种对过去的讲述产生混淆。我有意把焦点拉回到本书主人公的个人表述上，有些甚至先于史实——正如后记开头所引用的乔治·格罗茨的话："感谢上帝，人们无法一帧一帧地拍摄回忆。"在像马琳娜·于洛娃或乔治·格罗茨这样回忆被文学化、充满事后戏剧性的人物身上，我便是这么做的。同样，还包括胡志明部分作者不明的文本，或者像威廉皇储、索格门·特赫里瑞安和鲁道夫·赫斯的叙述，他们出于自我辩护的原因，总是单方面地阐述事实或有意识地加以扭曲。为了叙事的密度，让那些矛盾的人物在他们温和的自我表述下表现得过于正面，这所付出的代价是否太大，请读者自行判断——同样留给读者的，还有这一问题，即他是否给予作者小小的发挥空间，在逐字转录材料上已有的句子时释放他的想象力。本书绝不能被视为对历史事实的客观叙述，它应该作为证言的拼贴来阅读，看看形形色色的活跃人士如何经历、回忆、呈现、诠释，完全从他们个人的角度描述1918年前后的事。

正是出于这一原因，列出本书所依据的文献非常重要，如此读者可以追溯出处，并与传授确凿历史知识的学术研究作对比。我还想通过文献索引来表达我对一些引证丰富的作品的感谢——如雷金纳德·伊萨克（Reginald Isaac）关于瓦尔特·格罗皮乌斯的专著，弗朗西斯·J.科斯特洛（Francis J. Costello）关于特伦斯·麦克史威尼的传记，或努里亚·舍恩伯格（Nuria Schönberg）对她父亲"个人遭遇"的搜集，他们在历史人物及其浩瀚的一手材料上都给予我指引。

致 谢

决定写这本书的最初冲动来自电影制作人贡纳尔·迪迪奥（Gunnar Dedio）。他不只邀请我为他所发起的一个关于两次大战之间历史的重要项目写一本书，而我在长达一年的剧本写作共事中发现了另一种场景式的写作方式，也是得益于他。同剧组团队的交流带来很多灵感，除了这本书，他们同时还在制作相关主题的8集电视电影《梦想之战》（Krieg der Träume）。为此我要感谢导演兼作者让·皮特（Jan Peter），编剧弗雷德里克·古皮（Frédéric Goupil）和制作人雷吉娜·布歇赫伊（Regina Bouchehri）。

这是我第一次尝试近似故事的创作、涉足另一种写作方式的陌生领域，托比亚斯·舍恩普夫卢格（Tobias Schönpflug）给了我许多鼓励与支持。塞丽娜·多韦涅（Céline Dauvergne）让我看到历史和视觉艺术的相互影响。我的经纪人芭芭拉·温纳（Barbara Wenner）在本书写作过程中始终给予她的敏锐关注。

我想感谢 S. 费舍尔出版社（S. Fischer）对我工作的信任，以及对本书从初稿到最终出版的出色支持——这里我只能列出整个出版团队的几位代表，如项目负责人尼娜·西伦（Nina Sillem），以及审稿人塔尼娅·奥芒（Tanja Hommen）。一个作者能够从出版社获得如此充满启发的智识交流以及毫无保留的审稿，实在是他的荣幸！

在柏林高等研究院（Wissenschaftskolleg zu Berlin）智识圈子的工作赋予本书极大的启发。我要感谢2015至2017年度的研究伙伴及同事的鼓励和支持，尤其是在本书写作过程的最后阶段。研究院的图书馆为我提供了宝贵的服务，甚至用最快的速度为我远程调书，感谢他们对我研究工作的支持。

本书大部分内容的完成要归功于加拿大蒙特利尔大学欧洲研究中心所提供的资助，与那里的研究人员的交流给予本书许多启发。我衷心感谢研究中心主任劳伦斯·麦克福尔斯（Laurence McFalls），以及在中心任职的学者蒂伊·范·拉登（Till van Rahden）和芭芭拉·泰里奥（Barbara Thériault）。

几位共事的历史学者阅读了本书的部分手稿，给予我鼓励和建设性的批评。为此我要感谢斯蒂芬·马利诺夫斯基（Stephan Malinowski）、芭芭拉·科瓦尔齐希（Barbara Kowalzig）和托尔斯腾·里奥特（Torsten Riotte）。他们的评论对我来说相当有价值，让本书有所改进——同时还要感谢尼古拉·维伦贝格（Nicola Willenberg）和卡林·希尔舍（Karin Hielscher）的批评。本书所有遗留的不足都是作者的问题。特别值得一提的是我的父亲沃尔夫冈·舍恩普夫卢格（Wolfgang Schönpflug），他为本书及其所寓意的"世界重启"提供了不可或缺的忠告。

参考文献

Beaupré, Nicolas, *Das Trauma des großen Krieges 1918 bis 1932/33*, (= Deutsch-Französische Geschichte, Bd. VIII), Darmstadt 2009.

Becker, Jean-Jacques /Serge Berstein, *Victoire et frustrations 1914–1929* (= Nouvelle Histoire de la France contemporaine 12), Paris 1990.

Best, Nicolas, *The Greatest Day in History. How, on the Eleventh Hour of the Eleventh Day of the Eleventh Month, the First World War Finally Came to an End*, London 2008.

Blom, Philip, *Die zerrissenen Jahre. 1918–1939*, München 2014.

Boittin, Jennifer Anne, *Colonial Metropolis. The Urban Grounds of Feminism and Anti-Imperialism in Interwar Paris*, Lincoln 2010.

Burbank, Jane, *Intelligentsia and Revolution. Russian Views of Bolshevism 1917–1922*, New York/Oxford 1989.

Churchill, Winston, *The World Crisis, Bd. 4: The Aftermath 1918–1922*, London 1929.

Cooper, John Milton, *Breaking the Heart of the World. Woodrow Wilson and the Fight for the League of Nations*, Cambridge/New York 2001.

Englund, Peter, *Schönheit und Schrecken. Eine Geschichte des Ersten*

Weltkriegs, erzählt in neunzehn Schicksalen, Reinbek 2011.

Fitzpatrick, Sheila/Yuri Slezkine (Hg.), In the Shadow of Revolution. Life Stories of Russian Women from 1917 to the Second World War, Princeton 2000.

Gerwarth, Robert, Die Besiegten. Das blutige Erbe des Ersten Weltkriegs, München 2017.

Hagedorn, Ann, Savage Peace. Hope and Fear in America 1919, New York u.a. 2007.

Hughes, Gordon/Philipp Blom (Hg.), Nothing but the Clouds Unchanged. Artists in World War I, Los Angeles 2014.

Jannik, Allan/Stephen Toulmin, Wittgenstein's Vienna, Chicago 1996.

Janz, Oliver, Das symbolische Kapital der Trauer. Nation, Religion und Familie im italienischen Gefallenenkult des Ersten Weltkriegs, Tübingen 2009.

Jones, Mark, Founding Weimar. Violence and the German Revolution of 1918–1919, Cambridge 2016.

Julien, Elise, Paris, Berlin. La mémoire de la guerre 1914–1933, Rennes 2009.

Kershaw, Ian, To Hell and Back. Europe 1914–1949 (= Penguin History of Europe 8), London 2015.

Kyvig, David E., Daily Life in the United States 1920–1939. Decades of Promise and Pain, Westport 2002.

Leonhard, Jörn, Die Büchse der Pandora. Die Geschichte des Ersten Weltkriegs, München 2014.

Lowry, Bullitt, Armistice 1918, Ohio 1996.

Machtan, Lothar, Die Abdankung. Wie Deutschlands gekrönte Häupter aus der Geschichte fielen, Berlin 2008.

MacMillan, Margaret, Paris 1919. Six Months that Changed the World, New York 2002.

Malinowski, Stephan, *Vom König zum Führer. Deutscher Adel und Nationalsozialismus*, Frankfurt am Main 2010.

Manela, Erez, *The Wilsonian Moment. Self-Determination and the International Origins of Anticolonial Nationalism*, New York 2007.

Müller, Tim B., *Nach dem Ersten Weltkrieg. Lebensversuche moderner Demokratien*, Bonn 2014.

Pedersen, Susan, *The Guardians. The League of Nations and the Crisis of Empire*, Oxford 2015.

Peukert, Detlef, *Die Weimarer Republik. Krisenjahre der Klassischen Moderne*, Frankfurt am Main 1987.

Pieper, Ernst, *Nacht über Europa. Kulturgeschichte des Ersten Weltkriegs*, Berlin 2013.

Radkau, Joachim, *Das Zeitalter der Nervosität. Deutschland zwischen Bismarck und Hitler*, München 1998.

Raphael, Lutz, *Imperiale Gewalt und mobilisierte Nation. Europa 1914–1945*, München 2011.

Reichardt, Sven, *Faschistische Kampfbünde. Gewalt und Gemeinschaft im italienischen Squadrismus und in der deutschen SA*, Wien 2009.

Schlögel, Karl, *Petersburg. Das Laboratorium der Moderne 1909–1921*, Frankfurt am Main 2009.

Tooze, Adam, *Sintflut. Die Neuordnung der Welt 1916–1931*, Berlin 2015.

Weipert, Axel, *Die Zweite Revolution. Rätebewegung in Berlin 1919/1920*, Berlin 2015.

Wirsching, Andreas, *Vom Weltkrieg zum Bürgerkrieg? Politischer Extremismus in Deutschland und Frankreich in Berlin und Paris im Vergleich*, München 1999.

马蒂亚斯·埃茨贝格尔　Matthias Erzberger

Domeier, Norman, Der Sensationsprozess Erzberger–Helfferich: Die Verquickung politischer und wirtschaftlicher Interessen in der Weimarer Republik, in: Christopher Dowe (Hg.), *Matthias Erzberger. Ein Demokrat in Zeiten des Hasses*, Karlsruhe 2013, S. 158–183.

Dowe, Christopher, Matthias Erzberger. *Ein Leben für die Demokratie*, Stuttgart 2011.

Erzberger, Matthias, *Erlebnisse im Weltkrieg*, Berlin 1920.

Erzberger-Prozess, Der, *Stenographischer Bericht über die Verhandlungen im Beleidigungsprozess des Reichsfinanzministers Erzberger gegen den Staatsminister a.D. Dr. Karl Helfferich*, Berlin 1920.

Haehling von Lanzenauer, Reiner, *Der Mord an Matthias Erzberger*, Karlsruhe 2008.

Helfferich, Karl, *Fort mit Erzberger!*, Berlin 1919.

Jasper, Gotthard, Aus den Akten der Prozesse gegen die ErzbergerMörder, in: *Vierteljahrshefte für Zeitgeschichte* 10 (1962), S. 430–453.

Krausnick, Michael / Günther Randecker, Mord Erzberger. *Matthias Erzberger: Konkursverwalter des Kaiserreichs und Wegbereiter der Demokratie*, Books on demand 2005.

Marhefka, Edmund (Hg.), *Der Waffenstillstand 1918–1919. Das Dokumentenmaterial der Waffenstillstandsverhandlungen von Compiègne, Spa, Trier und Brüssel*, Berlin 1928.

Sabrow, Martin, Organisation Consul (O.C.) 1920–1922, in: Historisches Lexikon Bayerns: https://www.historisches-lexikon-bayerns.de/ Lexikon/ Organisation_ Consul_%28O.C.%29,_1920-1922 (Zugriff 18.5.2017).

费迪南·福煦　Ferdinand Foch

Foch, Ferdinand, *Mémoires pour servir à la mémoire de la guerre*, 2 Bde., Paris 1931.

Greenhalgh, Elizabeth, *Foch in Command. The Forging of a First World War General*, Cambridge 2011.

Mordacq, Henri, *L'Armistice du 11 novembre 1918. Récit d'un témoin*, Paris 1937.

Mordacq, Henri, *Le ministère Clemenceau: journal d'un témoin*, Bd. 2, Paris 1931.

Notin, Jean-Christophe, *Foch. Le mythe et ses réalités*, Paris 2008.

Weygand, Maxime, *Le onze novembre*, Paris 1958.

莫罕达斯·卡拉姆昌德·甘地　Mohandas Karamchand Gandhi

Fischer, Louis, *The Life of Mahatma Gandhi, Bd. I*, Stuttgart 1953.

Gandhi, Mohandas Karamchand, *Eine Autobiographie oder Die Geschichte meiner Experimente mit der Wahrheit*, Gladenbach 1977.

Parvate, T.V., *Bal Gangadhar Tilak*, Ahmedabad 1958.

Rothermund, Dietmar, *Gandhi. Der gewaltlose Revolutionär*, München 2003.

Vidwans, M.D., *Letters of Lokamanya Tilak*, Poona 1966.

瓦尔特·格罗皮乌斯和阿尔玛·马勒-韦尔弗
Walter Gropius und Alma Mahler-Werfel

Isaacs, Reginald R., *Walter Gropius. Der Mensch und sein Werk*, Berlin 1983.

Gropius, Walter, *Idee und Aufbau des Staatlichen Bauhauses Weimar*,

München 1923.

Hilmes, Oliver, *Witwe im Wahn. Das Leben der Alma Mahler-Werfel*, München 2004.

Mahler, Alma, *Mein Leben*, Frankfurt am Main 1963.

乔治·格罗茨 George Grosz

Blumenfeld, Erwin, *Einbildungsroman*, Frankfurt am Main 1998.

Flavell, Mary Kay, *George Grosz. A Biography*, New Haven/London 1988.

Grosz, Georges, *Ein kleines Ja und ein großes Nein*, Hamburg 1955.

Hecht, Ben, *Revolution im Wasserglas. Geschichten aus Deutschland 1919*, Berlin 2006.

Hess, Hans, *George Grosz*, Dresden 1982.

Jentsch, Ralph, *Georges Grosz*, Köln 2013.

Lewis, Beth Irwin, *George Grosz. Art and Politics in the Weimar Republic*, Princeton 1971.

哈莱姆地狱战士：
亚瑟·利特尔，亨利·约翰逊，詹姆斯·里斯·欧罗巴
The Harlem Hellfighters:
Arthur Little, Henry Johnson, James Reese Europe

Badger, Reid, *A Life in Ragtime. A Biography of James Reese Europe*, New York/Oxford 1995.

Barbeau, Arthur E./Florette Henri, *The Unknown Soldiers. Black American Troops in World War I*, Philadelphia 1974.

Gero, Anthony F., *Black Soldiers of New York State. A Proud Legacy*, Albany/New York 2009.

Grant, Colin, *Negro with a Hat. The Rise and Fall of Marcus Garvey*, Oxford 2010.

Little, Arthur, *From Harlem to the Rhine. The Story of New Yorks Colored Volunteers*, New York 1936.

Sissle, Noble, *The Memoirs of Lieutenant Jim Europe*, Schreibmaschinenmanuskript, ca. 1942: http://memory.loc.gov/cgibin/ampage?collId=ody_musmisc&fileName=ody/ody0717/ody0717page.db&recNum=0&itemLink=r?ammem/aaodyssey:@field(NUMBER+@band(musmisc+ody0717))&linkText=0 (Zugriff 18.5.2017).

Slotkin, Richard, *Lost Battalions. The Great War and the Crisis of American Nationality*, New York 2005.

Williams, Chad L., *Torchbearers of Democracy. African American Soldiers in the World War I Era*, Chapel Hill, NC 2010.

鲁道夫·赫斯 Rudolf Höß

Höß, Rudolf, *Kommandant in Auschwitz. Autobiographische Aufzeichnungen*, hg. von Martin Broszat, München 2013.

Koop, Volker, *Rudolf Höß. Der Kommandant von Auschwitz. Eine Biographie*, Köln/Weimar/Wien 2014.

Kreuz, Wilhelm/Karen Strobel, *Der Kommandant und die Bibelforscherin: Rudolf Höß und Sophie Stippel: Zwei Wege nach Auschwitz (Schriftenreihe Marchivum)*, Mannheim 2018.

保罗·克利 Paul Klee

Klee, Paul, *Das bildnerische Denken. Schriften zur Form und Gestaltungslehre*, hg. von Jürg Spiller, Stuttgart 1964.

Klee, Paul, *Tagebücher 1898–1918*, hg. von Felix Klee, Köln 1957.

Schlumpf, Hans-Ulrich, *Das Gestirn über der Stadt. Ein Motiv im Werk von Paul Klee*, Dissertation Zürich 1969.

Trepesch, Christoph/Shabab Sangestan (Hg.), *Paul Klee. Mythos Fliegen*. Katalog zur gleichnamigen Ausstellung (23.11.2013–23.2.2014) im H2 Zentrum für Gegenwartskunst, Berlin 2013.

凯绥·珂勒惠支　Käthe Kollwitz

Kollwitz, Käthe, *Die Tagebücher*, hg. von Jutta Bohnke-Kollwitz, Berlin 2007.

Winterberg, Jury und Sonya, *Kollwitz – die Biographie*, Gütersloh 2015.

威廉皇储　Kronprinz Wilhelm von Preußen

Cecilie, Kronprinzessin, *Erinnerungen an den Deutschen Kronprinzen*, Biberach 1952.

Jonas, Klaus W., *Der Kronprinz Wilhelm*, Frankfurt am Main 1962.

Rosner, Karl (Hg.), *Erinnerungen des Kronprinzen Wilhelm. Aus den Aufzeichnungen, Dokumenten, Tagebüchern und Gesprächen*, Stuttgart/Berlin 1922.

Wilhelm, Kronprinz, *Meine Erinnerungen aus Deutschlands Heldenkampf*, Berlin 1923.

托马斯·E. 劳伦斯　Thomas E. Lawrence

Brown, Malcolm (Hg.), *Lawrence of Arabia, The Selected Letters*, London 2005.

Anderson, Scott, *Lawrence in Arabia. War, Deceit, Imperial Folly and the*

Making of the Modern Middle East, New York 2013.

Lawrence, Thomas E., *The Complete 1922 Seven Pillars of Wisdom. The »Oxford Text«*, Fordingbridge 2004.

Thomas, Lowell, *With Lawrence in Arabia*, New York/London 1924.

Wilson, Jeremy, *Lawrence of Arabia. The Authorized Biography of T.E. Lawrence*, New York 1990.

特伦斯·麦克史威尼　Terence MacSwiney

Augusteijn, Joost, *From Public Defiance to Guerilla Warfare. The Experience of Ordinary Volunteers in the Irish War of Independence 1916–1921*, Dublin 1996.

Breen, Dan, *My Fight for Irish freedom*, Dublin 1921.

Costello, Francis J., *Enduring the Most. The Life and Death of Terence MacSwiney*, Dingle 1995.

MacSwiney Brugha, Máire, *History's Daughter. A Memoir from the Only Child of Terence MacSwiney*, Dublin 2006.

MacSwiney, Terence, *Principles of Freedom*, Dublin 1921.

莫伊娜·迈克尔　Moina Michael

Michael, Moina, *The Miracle Flower. The Story of the Flanders Fields Memorial Poppy*, Philadelphia 1941.

阮必成 / 阮爱国 / 胡志明
Nguyen Tat Thanh/Nguyen Ai Quoc/Hô Chí Minh

Duiker, William J., *Hô Chí Minh. A Life*, New York 2000.

Großheim, Martin, *Hô Chí Minh. Der geheimnisvolle Revolutionär*,

München 2011.

Lacouture, Jean, *Hô Chí Minh*, Paris 1967.

Quinn-Judge, Sophie, *Hô Chí Minh. The Missing Years 1919–1941*, Orlando 2003.

Tran Dân Tîen, *Glimpses of the Life of Hô Chí Minh. President of the Democratic Republic of Vietnam*, Hanoi 1958.

Trang-Gaspard, Thu, *Hô Chí Minh à Paris (1917–1923)*, Paris 1992.

阿诺德·勋伯格 Arnold Schönberg

Gervink, Manuel, *Arnold Schönberg in seiner Zeit*, Laaber 2000.

Nono-Schönberg, Nuria (Hg.), *Arnold Schönberg 1874–1951. Lebensgeschichte in Begegnungen*, Klagenfurt 1998.

Ringer, Alexander L., *Arnold Schoenberg. The Composer as Jew*, Oxford 1990.

Schönberg, Arnold, *Briefe*, hg. von Erwin Stein, Mainz 1958.

Schönberg, Arnold, *Die Jakobsleiter: Oratorium*, Wien 1917.

Staatliche Tretjatow Galerie /Goethe Institut Inter Nationes (Hg.), *Arnold Schönberg und Wassily Kandinsky. Malerei und Musik im Dialog. Zum 50. Todestag von Arnold Schönberg*, Moskau 2001.

Tenner, Haide (Hg.), *»Ich möchte solange leben, als ich Ihnen dankbar sein kann.« Alma Mahler–Arnold Schönberg. Der Briefwechsel*, Salzburg 2012.

Theurich, Jutta (Hg.), *Der Briefwechsel zwischen Arnold Schönberg und Ferruccio Busconi 1903–1919*, Diss. HU Berlin 1979.

Waitzbauer, Harald, Arnold Schönberg ist in Mattsee unerwünscht, in: Robert Kriechbaumer (Hg.), *Der Geschmack der Vergänglichkeit. Jüdische Sommerfrische in Salzburg*, Wien u.a. 2002, S. 153–173.

理夏德·施通普夫　Richard Stumpf

Horn, Daniel (Hg.), *The Private War of Seaman Stumpf. The Unique Diaries of a Young German in the Great War*, London 1967.

Horn, Daniel, The Diarist Revisited. The Papers of Seaman Stumpf, in: *The Journal of the Rutgers University Libraries* 40,1 (1978), S. 32–48.

Stumpf, Richard, *Warum die Flotte zerbrach. Kriegstagebuch eines christlichen Arbeiters*, Berlin 1927.

索格门·特赫里瑞安　Soghomon Tehlirian

Der Prozeß Talaat Pascha, Stenographischer Prozeßbericht mit einem Vorwort von Armin T. Wegner, Berlin 1921.

Hosfeld, Ralf, *Operation Nemesis. Die Türkei, Deutschland und der Völkermord an den Armeniern*, Köln 2005.

哈里·S. 杜鲁门　Harry S. Truman

Ferrel, Robert H. (Hg.), *Dear Bess. The Letters from Harry to Bess Truman 1910–1959*, New York 1983.

McCullough, David, *Truman*, New York 1992.

Miller, Merle, *Plain Speaking. An Oral Biography of Harry S. Truman*, New York 1974.

Truman, Margaret, *Harry S. Truman*, London 1973.

路易丝·韦斯　Louise Weiss

Bertin, Célia, *Louise Weiss*, Paris 1999.

Weiss, Louise, *La République tchéco-slovaque, préface de M. Edvard Benès*, Paris 1919.

Weiss, Louise, *Mémoires d'une Européenne, Bd. 1: Une petite fille du siècle, Bd. 2: Combats d'une éuropéenne*, Paris 1968 und 1976.

Weiss, Louise, *Milan Stepanik*, Paris 1920.

弗吉尼亚·伍尔夫　Virginia Woolf

DeSalvo, Louise/Mitchell A. Leaska (Hg.), »*Geliebtes Wesen*«. *Briefe von Vita Sackville-West an Virginia Woolf*, übers. von Sibyll und Dirk Vanderbeke, Frankfurt am Main 1985.

Lee, Hermione, *Virginia Woolf*. Ein Leben, Frankfurt am Main 2006.

Nicolson, Nigel (Hg.), *The Question of Things Happening. The Letters of Virginia Woolf, Bd. 2: 1912–1922*, London 1976.

Phillips, Kathy J., *Virginia Woolf against Empire*, Tennessee 1994.

Spater, George/ Ian Parsons, *Porträt einer ungewöhnlichen Ehe. Virginia und Leonard Woolf*, Frankfurt am Main 2002.

Woolf, Leonard, *Mein Leben mit Virginia. Erinnerungen*, übers. von Friederike Groth, Frankfurt am Main 2003.

Woolf, Virginia, *Jacob's Room*, Richmond 1922.

Woolf, Virginia, *Night and Day*, Richmond 1919.

Woolf, Virginia, *Tagebücher, Bd. 1: 1915–1919, Bd. 2: 1920–1924*, hg. von Klaus Reichert, übers. von Maria Bosse-Sporleder, Frankfurt am Main 1990/1994.

Woolf, Virginia, *The Voyage Out*, London 1915.

艾文·C. 约克　Alvin C. York

Lee, David D., *Sergeant York. An American Hero*, Lexington/Kentucky 1985.

Skeyhill, Tom (Hg.), *Sergeant York. His Own Life Story and War Diary*,

New York 1928.

马琳娜·于洛娃　Marina Yurlowa

Yurlowa, Marina, *Cossack Girl*, Hamburg u.a. 1935.

Yurlowa, Marina, *Russia, Farewell*, London 1936.

其他

Mondrian, Piet u.a., *Manifest I, in: De Stijl* 2,1 (Nov. 1918), S. 4–5.

Spengler, Oswald, *Der Untergang des Abendlandes. Umrisse einer Morphologie der Weltgeschichte (1918)*, München 1969.

Troeltsch, Ernst, *Kritische Gesamtausgabe, Bd. 14: Spectator-Briefe und Berliner Briefe (1918–1922)*, hg. von Gangolf Hübinger, Berlin 2015.

Salomon, Ernst von, *Die Geächteten*, Berlin 1930.

图书在版编目（CIP）数据

彗星年代：1918，世界重启时 /（德）丹尼尔·舍恩普夫卢格著；简心怡译. — 上海：文汇出版社，2019.7
ISBN 978-7-5496-2725-7

Ⅰ.①彗… Ⅱ.①丹…②简… Ⅲ.①第一次世界大战-历史-通俗读物 Ⅳ.①K143-49

中国版本图书馆 CIP 数据核字 (2018) 第 240120 号

Originally published as: "Kometenjahre. 1918: Die Welt im Aufbruch"
© 2017 S. Fischer Verlag GmbH, Frankfurt am Main. arranged through jiaxibooks co. ltd.

版权登记图字 09-2018-972

彗星年代：1918，世界重启时

作　者／	〔德〕丹尼尔·舍恩普夫卢格
译　者／	简心怡
责任编辑／	何　璟
特邀编辑／	郑科鹏　杨静武
装帧设计／	尚燕平
出　版／	文汇出版社
	上海市威海路 755 号
	（邮政编码 200041）
发　行／	新经典发行有限公司
电　话／	010-68423599　邮　箱／ editor@readinglife.com
印刷装订／	北京天宇万达印刷有限公司
版　次／	2019 年 7 月第 1 版
印　次／	2019 年 7 月第 1 次印刷
开　本／	880×1230　1/32
字　数／	150 千
印　张／	8.75

ISBN 978-7-5496-2725-7
定　价／　52.00 元

敬启读者，如发现本书有印装质量问题，请与发行方联系。